Mareike Gloeckner

Lerntheke
Spanisch 3./4. Lernjahr
GRAMMATIK

Differenzierungsmaterialien
für heterogene Lerngruppen

Cornelsen

Die Autorin des Bandes

Mareike Gloeckner studierte Anglistik und Romanistik an der Wilhelms-Universität Münster und absolvierte anschließend das Referendariat in Hamm (NRW). Momentan unterrichtet sie an der Anna-Freud-Schule (Oberstufenzentrum Soziales) in Berlin die Fächer Englisch, Spanisch und Medienpädagogik. Seit 2015 ist sie ebenfalls in der Lehrerfortbildung tätig mit den Schwerpunkten „Umgang mit Heterogenität" und „Einsatz von digitalen Medien im Fremdsprachenunterricht".

Projektleitung: Juliane Maaß, Berlin
Redaktion: Louisa Pabst, Glienicke/Nordbahn
Spanisches Korrektorat: Ana Tipa, Berlin
Umschlagkonzept: X-Design, München
Umschlaggestaltung: LemmeDESIGN, Berlin
Layout/technische Umsetzung: krauß-verlagsservice, Ederheim/Hürnheim

www.cornelsen.de

1. Auflage 2019

© 2019 Cornelsen Verlag GmbH, Berlin

Druck: H. Heenemann, Berlin

ISBN 978-3-589-16610-7

PEFC zertifiziert
Dieses Produkt stammt aus nachhaltig bewirtschafteten Wäldern und kontrollierten Quellen.
www.pefc.de
PEFC/04-31-1156

Inhalt

Vorwort – Hinweise für die Lerntheken-Arbeit

Bei der Lerntheke handelt es sich um eine offene Unterrichtsform. Im Unterschied zum Stationenlernen oder zum Lernzirkel werden die Materialien auf einer „Theke" ausgelegt und bauen nicht aufeinander auf. Die Schüler wählen aus den zur Verfügung stehenden Materialien diejenigen aus, die sie bearbeiten möchten, und bestimmen selbst die Reihenfolge der Bearbeitung. Daher kann mit einer Lerntheke ein hoher Grad an Differenzierung in einer Lerngruppe erreicht werden.

Grundsätzlich kann eine Lerntheke in allen Phasen einer Unterrichtssequenz zum Einsatz kommen. Die vorliegenden Materialien eignen sich jedoch vor allem **zum Üben und Wiederholen**, meist weniger für die Neudurchnahme. Sie enthalten Aufgaben in **verschiedenen Schwierigkeitsgraden**, die der Festigung des Stoffes dienen und dabei das unterschiedliche Lerntempo sowie die individuelle Leistungsfähigkeit der Schüler berücksichtigen. Gerade in **heterogenen Lerngruppen** ist die Arbeit mit einer Lerntheke daher besonders lohnenswert. Da Aufgaben für **unterschiedliche Lerntypen** zur Verfügung stehen, befassen sich die Schüler nicht nur kognitiv, sondern auch optisch und spielerisch mit einem Thema. Zudem können durch die Arbeit in **abwechslungsreichen Sozialformen** stärkere Schüler die weniger leistungsfähigen unterstützen und ihnen dabei helfen, ein größeres Pensum zu schaffen, als sie das ausschließlich in Einzelarbeit könnten. Wie beim „Lernen durch Lehren" profitieren alle Schüler von diesem System der gegenseitigen Unterstützung (s. auch „Helfersystem").

Während der Arbeit an einer Lerntheke füllt jeder Schüler einen Selbsteinschätzungsbogen aus, der Aufschluss gibt über

- das erledigte Pensum innerhalb der vorgegebenen Zeit sowie
- die Selbsteinschätzung des betreffenden Schülers.

Sie als Lehrkraft können aus den Eintragungen in den Selbsteinschätzungsbögen erkennen, welche Themen kaum Probleme bereiten und bei welchen Inhalten viele Schüler Schwierigkeiten hatten, sodass Sie diese nach der Durchführung der Lerntheke im Klassenverband nochmals aufgreifen können. Die Kopiervorlage für den Selbsteinschätzungsbogen finden Sie auf Seite 7. Er kann für jede der sechs Lerntheken eingesetzt werden. Damit die Schüler ausreichend Platz für ihre Eintragungen haben, sollte der Bogen doppelseitig auf ein Blatt kopiert werden.

Vorbereitungen für die Lerntheke

Vor Beginn der Arbeit sollten Sie die Klasse ausführlich darüber informieren, wie die Lerntheke funktioniert. Dabei müssen Sie an manchen Stellen vorab entscheiden, wie Sie die Arbeit organisieren wollen.

- **Bedeutung der Symbole:**
  Die Schüler erfahren anhand der Symbole, welche Sozialformen es gibt (Einzel-, Partner- oder Gruppenarbeit) und wie sich die Schwierigkeitsgrade voneinander unterscheiden: ein Stern für leicht zu lösende Aufgaben mit einem hohen Grad an Reproduktion; zwei Sterne für Aufgaben, die mehr Eigenleistung erfordern; drei Sterne für anspruchsvolle Aufgaben mit einem hohen Anteil an Eigenleistung.

  ★ Schwierigkeitsgrad 1
  ★★ Schwierigkeitsgrad 2
  ★★★ Schwierigkeitsgrad 3
  👤 Einzelarbeit
  👥 Partnerarbeit
  👥👥 Gruppenarbeit

- **Bildung der Gruppen:**
  Sie müssen klären, ob es feste Gruppen und Paare für die Gruppen- bzw. Partnerarbeit gibt oder ob sich die Schüler immer wieder neu in Arbeitsgruppen zusammenfinden je nachdem, wie es der Verlauf der Bearbeitung erlaubt. Das entscheiden Sie je nach Situation in Ihrer Lerngruppe.

- **Zeitlicher Rahmen für die Bearbeitung:**
  Wie viel Zeit steht für die Lerntheke zur Verfügung? Fünf oder mehr Unterrichtsstunden erscheinen sinnvoll.

- **Selbstkontrolle der Ergebnisse mittels der Lösungsblätter:**
  Wo finden die Schüler die Lösungen und wie verfahren sie, wenn es Probleme bei der Korrektur ihrer Resultate gibt? Können sie sich nur an die Lehrkraft wenden oder auch Mitschüler um Hilfe bitten (s. auch „Helfersystem")?

■ Ausfüllen des Selbsteinschätzungsbogens:

Was müssen die Schüler in den Selbsteinschätzungsbogen (siehe Seite S. 7) eintragen und warum? Ver-
deutlichen Sie der Klasse, dass Sie aus den Eintragungen im Selbsteinschätzungsbogen wichtige Schlüsse
über den Kenntnisstand der Schüler für den weiteren
Verlauf der Unterrichtsarbeit ziehen können: Was
läuft gut, was weniger gut? Wo sind noch „Nachbesse-
rungen" notwendig? Wahrheitsgemäße Eintragungen
sind daher für alle Beteiligten hilfreich.

■ Helfersystem:

Nutzen Sie während der Lerntheke-Stunden das Helfersystem (Vorlage siehe Seite 6), damit sich die Schüler gegenseitig unterstützen können und Sie als Leh-
rer entlastet sind. Wenn ein Schüler eine Aufgabe
beendet hat, ihm die Bearbeitung leichtgefallen ist
und er bei der (Selbst-)Kontrolle feststellt, dass er kei-
ne oder sehr wenige Fehler gemacht hat, kann er sich
in der Helferliste unter der jeweiligen Aufgabe eintragen. Die Mitschüler erkennen dann ganz schnell, an
wen sie sich bei Fragen wenden können.

■ Sitzordnung:

Es empfiehlt sich, im Klassenzimmer eine Sitzord-
nung herzustellen, die sowohl Einzelarbeitsplätze als
auch Gruppentische aufweist, damit die Schüler je
nach verlangter Sozialform den geeigneten Arbeits-
platz finden. Daneben müssen die Arbeitsmaterialien
an einer zentral gelegenen „Theke" ausgelegt werden.
Dort finden die Schüler auch zusätzlich nötiges Mate-
rial (z. B. Wörterbücher, Würfel). Die Lösungsblätter
müssen für alle gut erreich- und einsehbar sein.

■ Pflichteinheiten:

Sie können innerhalb einer Lerntheke Pflichteinheiten definieren, die alle Schüler bearbeiten müssen.
Diese Pflichteinheiten werden z. B. gekennzeichnet,
indem sie etwa auf farbiges Papier kopiert werden.
Erst nach der Erledigung der Pflichteinheiten können
die Schüler aus den übrigen Materialien weitere aus-
wählen, die sie zusätzlich bearbeiten wollen. Dieses
Vorgehen empfiehlt sich, wenn einzelne Inhalte einer
Lerntheke neuen Stoff darstellen und nicht der Wie-
derholung oder Übung dienen.

Sie können die Lösungsseiten auf dem Kopierer auf 141 % vergrößern.

Helfersystem – Ich helfe dir weiter!

Lerntheke _____

	Aufgabe 1	Aufgabe 2	Aufgabe 3	Aufgabe 4	Aufgabe 5	Aufgabe 6	Aufgabe 7
Einheit 1							
Einheit 2							
Einheit 3							
Einheit 4							
Einheit 5							
Einheit 6							

Autorin: Mareike Gloeckner · Lerntheke Spanisch 1./2. Lernjahr · Grammatik

Name: _____

Selbsteinschätzungsbogen für die Lerntheke _____

Nr.	Thema	Schwierig-keitsstufe	Datum	Was fiel mir leicht?	Was fiel mir schwer? Wobei habe ich Hilfe gebraucht? Gibt es noch Probleme? Was sollte ich wiederholen oder üben?

Autorin: Mareike Gloeckner · Lerntheke Spanisch 1./2. Lernjahr · Grammatik

Lerntheke 1
Las preposiciones

Diese Lerntheke befasst sich mit den Präpositionen und wiederholt zunächst den Gebrauch einzelner ausgewählter Präpositionen und überprüft diese in einer abschließenden Einheit anhand verschiedener Übungen.

Übersicht

1 A/En	Mithilfe verschiedener Einsetzübungen wiederholen die Lerner den Gebrauch der Präpositionen.	★ | 👤 ★ | 👤
2 Por/Para	Diese Einheit bietet eine Übung zur Wiederholung der Regeln zum Gebrauch der Präpositionen sowie eine Einsetzübung.	★★ | 👤 ★ | 👤
3 De	In einer Übung sortieren die Lerner Beispielsätze entsprechend des Gebrauchs der Präpositionen, um diese anschließend in einer Einsetzübung anzuwenden.	★ | 👤 ★ | 👤
4 Mixtos	In dieser Einheit können die Lerner in einem Rätsel und einer Einsetzübung den Gebrauch verschiedener Präpositionen üben.	★ | 👤 ★★ | 👤

1 A/En

★ | 👤

1 *Completa con* a, al *o* a la. Vervollständige mit *a, al* oder *a la*.

a) Llego _____ discoteca.

b) Llegas _____ aeropuerto.

c) Llega _____ museo.

d) Llegamos _____ ópera.

e) Llegáis _____ Madrid.

f) Llegan _____ instituto.

g) Llego _____ playa.

h) Llegas _____ teatro.

i) Llega _____ ciudad.

★ | 👤

2 *Elige la preposición correcta.* Wähle die richtige Präposition aus.

a) Voy en/al cine.

b) Vamos a/en Madrid.

c) Me mira fijamente a/en los ojos.

d) Están a/en 20 kilómetros de Madrid.

e) El coche circula a/en 100 kilómetros por hora.

f) Está a/al dos grados bajo cero.

g) Gira a la/a al izquierda.

h) Murió a/en los 80 años.

i) Llamaré a/al Juan.

j) Voy a/en moto.

k) Nació al/en el año 1992.

2 Por/Para

★★ | 👤

1 a *Describe qué expresa* por *en cada frase.*

a) Yo lo sé por experiencia. → _____

b) Trabajo mucho por la noche. → _____

c) ¿Pasas hoy por mi casa? → _____

d) Esta tarde te llamo por teléfono. → _____

e) Compré estos pantalones por 40 €. → _____

b *Describe qué expresa* para *en cada frase.*

a) Trabajamos para vivir. → _____

b) Necesito el libro para mañana. → _____

c) Necesito un billete para Madrid. → _____

d) Esto es para ti. → _____

e) Para mí el trabajo tiene futuro. → _____

★ | 👤

2 *Pon* por *o* para. *Setze* por *oder* para *ein.*

a) Esta mañana he visto a Miguel: me ha preguntado _____ ti.

b) ¿Eso es _____ mí? Muchas gracias _____ el regalo.

c) Ven _____ aquí, por favor.

d) No hay nada _____ comer: tenemos que hacer la compra.

e) He comprado mi chaqueta _____ solo 50€.

f) Esa casa es ideal _____ celebrar fiestas.

g) Ha hecho todo eso _____ nosotros, ¿te das cuenta?

h) Han organizado una fiesta _____ sus amigos.

i) Le voy a escribir una carta a Natalia _____ explicarle el problema.

j) Necesito casi una hora _____ ir al instituto.

k) Estudia mucho _____ aprobar el examen.

l) ¿Preparas algo _____ la fiesta de fin de curso?

m) No tengo ganas de ir al cine. Voy solo _____ Pablo porque él no quiere ir solo.

Cornelsen   Las preposiciones   Autorin: Mareike Gloeckner · Lerntheke Spanisch 3./4. Lernjahr · Grammatik   **KV 2** Seite 1 von 1

10

3   De

★ | 👤

1 *Ordena los ejemplos según el uso de la preposición* de. Ordne auf einem Extrablatt die Beispiele in die Tabelle im Hinblick auf den Gebrauch der Präposition *de*.

Hablamos de política todo el tiempo.
Salí de la Universidad hace 2 horas.
El vino es de España.
La taza es de porcelana.
Este libro es de Juan.
Antes de la comida voy a leer el periódico.
Se casó el 20 de abril de 1980.
La casa de mi madre.

Soy de Berlín.
El papel es de madera.
Estoy buscando mi libro de historia.
Vamos a pie a la playa.
La tienda está abierta de 10:00 a 21:00.
Son las cinco de la tarde.
Yo vivo enfrente de la escuela.

origen	propiedad	dirección	materia	preposición

tema	modo	tiempo	fecha	lugar

★ | 👤

2 *Completa el email de Laura a su amiga con* de *y el artículo determinado.* Vervollständige die Email mit *de* und dem bestimmten Artikel.

01:15

Hola Carmen:

Hoy por la noche yo tuve una fiesta _____ mi escuela _____ idiomas "El Berlín".

En el bar hablamos _____ clases y _____ exámenes, pero también comimos y

tomamos algo juntos. También llegaron otros alumnos _____ curso de Johann.

Pedro, por ejemplo, es un alumno del curso de conversación avanzada.

Sabe hablar muy bien y conoce todas las reglas _____ gramática alemana.

Tiene un primo alemán, Constantin, quien vino también. Él trabaja en la

recepción _____ hostal "Berlín, Berlín". El hostal está cerca _____ bar y fuimos

al hostal para tomar unas copas después _____ fiesta. Fue una noche muy

divertida. Pero ahora tengo que echarme a dormir porque mañana tengo un

examen _____ literatura alemana.

Hasta muy pronto,

Laura

---

4 Mixtos

★ | ☺

1 *Elige la preposición correcta y encuentra la palabra clave.* Wähle die richtige Präposition und finde das Lösungswort.

		De	A	En	Entre	Sin	Con
1	Ana y Isabel salen ... viaje	G	B	N	K	P	O
2	Su tren sale … las diez de Berlín.	V	R	I	K	S	R
3	Van … visitar a sus amigas Carmen y Nuria.	S	A	V	B	X	O
4	… otras cosas, Ana tiene su tablet para trabajar y ver sus series en Netflix.	S	O	A	M	T	W
5	El viaje de Berlín … Múnich dura 4,5 horas.	K	Á	K	L	N	C
6	Isabel está … su novio por primera vez.	P	Y	C	V	T	A
7	Ya lo echa … menos, pero le hace mucha ilusión ver a sus amigas.	I	W	Q	K	S	D
8	Carmen y Nuria les esperan … una comida típica de Baviera.	X	C	M	J	H	C
9	Las amigas pasan unos días perfectos … Múnich.	Á	H	A	K	L	I

1	2	3	4	5	6	7	8	9

★★ | ☺

2 *Completa el texto con de, en, hace, desde, desde hace y hasta.* Vervollständige den Text mit *de, en, hace, desde, desde hace* und *hasta*.

Ska-P es un grupo _____ España. Nació _____ 1993 y _____ muchos

años es uno _____ los grupos antifascistas más famosos _____ España.

Los primeros miembros _____ grupo fueron amigos _____ País Vasco. Pero

el guitarrista Toni dejó la banda y _____ 1995 toca la guitarra Joxemi. _____

el mismo año entró también Pipi.

_____ 2004 han grabado 4 discos y han heco giras por toda España. En febrero

de 2005 anunciaron que harían una pausa porque necesitaban un descanso. _____

2008 han vuelto muchas veces interrumpido y han hecho varias pausas. _____

pocos meses grabaron su octavo disco.

Cornelsen Las preposiciones
Autorin: Mareike Gloeckner · Lerntheke Spanisch 3./4. Lernjahr · Grammatik

KV 4
Seite 1 von 1

4 Mixtos

1

1	2	3	4	5	6	7	8	9
G	R	A	M	Á	T	I	C	A

2 Ska-P es un grupo **de** España. Nació **en** 1993 y **desde hace** muchos años es uno **de los** grupos antifascistas más famosos **de** España. Los primeros miembros **del** grupo fueron amigos **del** País Vasco. Pero el guitarrista Toni dejó la banda y **desde** 1995 toca la guitarra Joxemi. **En** el mismo año entró también Pipi. **Hasta** 2004 habían grabado 4 discos y han hecho giras toda España. **En** febrero **de** 2005 anunciaron que harían una pausa porque necesitaban un descanso. **Desde** 2008 han vuelto muchas veces interrumpido y han hecho varias pausas. **Hace** pocos meses grabaron su octavo disco.

---

1 A/En

1 a) a la b) al c) al d) a la e) a f) al g) a la h) al i) a la
2 a) al b) a c) a d) a e) a f) a g) a la h) en i) a j) en k) en

2 Por/Para

1 a
a) Yo lo sé por experiencia. → Grund/Ursache
b) Trabajo mucho por la noche. → Zeitangabe/Tageszeit
c) ¿Pasas hoy por mi casa? → Durchgangsort
d) Esta tarde te llamo por teléfono. → Kommunikationsmittel
e) Compré estos pantalones por 40 €. → Geldangabe

b
a) Trabajamos para vivir. → Zweck
b) Necesito el libro para mañana. → Zeitangabe
c) Necesito un billete para Madrid. → Zielort
d) Esto es para ti. → Empfänger
e) Para mí el trabajo tiene futuro. → Meinung

2 a) por b) para/por c) por d) para e) por f) para g) por
h) para i) para j) para k) para l) para m) por

3 De

1

origen	propiedad	dirección	materia	preposición
Soy de Berlín.	Este libro es de Juan.	Salí de la Universidad hace 2 horas.	El papel es de madera.	Antes de la comida voy a leer el periódico.
El vino es de España.	La casa de mi madre.		La taza es de porcelana.	

tema	modo	tiempo	fecha	lugar
Hablamos de política todo el tiempo.	Vamos a pie a la playa.	La tienda está abierta de 10:00 a 21:00.	Se casó el 20 de abril de 1980.	Yo vivo enfrente de la escuela.
Estoy buscando mi libro de historia.		Son las cinco de la tarde.		

2 de, de, de las, de los, del, de la, del, de la, de la

Lerntheke 2
La frase en español

Diese Lerntheke befasst sich mit der Konstruktion von Sätzen. Die Bildung der indirekten Rede, von Bedingungssätzen, Passivsätzen, der Verneinung und von Relativsätzen können in verschiedenen Übungen in Einzel- und Partnerarbeit wiederholt werden.

Übersicht

1 Estilo directo e indirecto	Die Lerner wiederholen die indirekte Rede mithilfe verschiedener Übungen zur Umwandlung in die indirekte Rede.	★ / ★★ | 👤 ★ | 👤 ★★ | 👤
2 Condiciones reales	Die Lerner wiederholen die Bildung von realen Bedingungssätzen mithilfe einer Zuordnungsübung, einer Tandemübung sowie einer spielerischen Gruppenübung.	★ | 👤 ★★ | 👥 ★ | 👥👥
3 Frases subordinadas	Mehrere Übungen können zur Wiederholung der Bildung von Relativsätzen bearbeitet werden.	★ | 👤 ★★★ | 👤 ★★ | 👥
4 Conjunciones	In der ersten Übung sortieren die Lerner die Konjunktionen entsprechend ihrer Funktion. Anschließend wenden die Lerner die Konjunktionen in einer Einsetzübung an.	★ | 👤 ★★ | 👤
5 La voz pasiva	In mehreren Übungen können die Lerner aktive Sätze in passive umwandeln und ihre Kenntnisse in einer spielerischen Partnerübung anwenden.	★ | 👤 ★★★ | 👤 ★★ | 👤 ★★★ | 👥

1 El estilo directo e indirecto

★/★★| 🔽

1 *Durante los premios Oscar hay mucho cotilleo y chismorreo. Redacta en estilo indirecto las frases que están en estilo directo.* Während der Oskarverleihung gibt es viel Klatsch und Tratsch. Verwandle die Aussagen von der direkten in die indirekte Rede.

★

a) El/Ella dice que …

★★

b) El/Ella dijo que …

> Bradley Cooper: "Hoy es un día fenomenal. No solo son los premios Oscar, sino también es mis cumpleaños".

> JayZ: "En 2019 haremos una gira mundial. Después haremos una pausa con los niños".

> Heidi Klum: "He comprado un apartamento. Vivo en Nueva York ahora".

> Selena Gomez: "Aparte de hacer música y películas, voy a ser presentadora. Pero todavía es un secreto".

> Adele: "He grabado mi nuevo disco. Se llama "Yo soy Adele". Estará en las tiendas el próximo mes".

Cornelsen La frase en español
Autorin: Mareike Gloeckner · Lerntheke Spanisch 3./4. Lernjahr · Grammatik
Illustration: Dorina Tessmann

KV 1
Seite 1 von 2

15

★ | 👤

2 *Encuentra referencias locales y temporales del estilo directo y del estilo indirecto y ordénalas.* Finde die adverbialen Bestimmungen des Ortes und der Zeit von der direkten und indirekten Rede und ordne sie richtig ein.

aldíasiguientehoyallíayerlasemanaanterior
este/estaaqueldíalasemanapasadaahora
mañanaentoncesalpróximoañoeldíaanterioraquello/aalañosiguienteaquí

Estilo directo	Estilo indirecto

★★ | 👤

3 *Redacta las preguntas en estilo indirecto.* Wandle die direkten Fragen in indirekte Fragen um.

a) El padre pregunta a su hijo: "¿Te has lavado las manos?"

b) El profesor preguntó: "¿Cuándo murió Carlos V?"

c) Ana preguntó a sus amigos: "¿Por qué lloráis?"

2   Condiciones reales

Lerntheke 2

★|👤

1 *Relaciona las partes de las frases condicionales.* Verbinde die Satzteile.

Si estudias,	te ayudo.
Si tienes frío,	os duele el estómago.
Si tengo tiempo,	aprobarás.
Si coméis mucho chocolate,	abrígate.

★★|👥

2 *Hoja de tándem. Traducid las frases.*

A	B
Wenn du Zeit hast, können wir heute Abend ins Theater gehen.	Si tienes tiempo, podemos ir al teatro esta noche.
Solo puedo ir al teatro si no tengo que recoger a mi hermana.	Ich kann nur ins Theater mitkommen, wenn ich meine Schwester nicht abholen muss.
Falls dich der Film interessiert, können wir ins Kino gehen.	Si te interesa la película, podemos ir al cine.
Si me compras el libro, voy a leerlo.	Wenn du mir das Buch kaufst, werde ich es lesen.
Wenn es kalt ist, zieh dich an!	Si hace frío, ¡abrígate!
Si quieres hablar español, ¡estudia vocabulario!	Wenn du Spanisch sprechen willst, lerne Vokabeln!

★|👥

3 *¡A jugar! Pareja*
   a) Zerschneidet die Spielkarten und verteilt sie gleichmäßig auf die Mitspieler. Jeder Mitspieler legt seinen Stapel mit der Schrift nach unten vor sich hin.
   b) Spieler A deckt die erste Karte auf und legt sie in das richtige Feld. Spieler B macht dasselbe, Spieler C auch usw.
   c) Wenn ein Spieler merkt, dass der aufgedeckte Wenn-Dann-Satz grammatikalisch und inhaltlich zusammenpasst, ruft er PAREJA.
   d) Ziel des Spiels ist es, die meisten Karten zu besitzen.
   e) Die Spielzeit beträgt ca. 10 Minuten.

Lerntheke 2

entonces

DANN

Si

WENN

Cornelsen La frase en español
Autorin: Mareike Gloeckner · Lerntheke Spanisch 3./4. Lernjahr · Grammatik

KV 2
Seite 2 von 4

Si estás cansado/-a	haz una pausa.	Si no te gusta	no lo compre.	Si te gusta	cómpralo.
Si tienes hambre	cocina algo.	Si no puedes venir	llámame.	Si estás enferma	ve al médico.
Si estás resfriado	toma un té.	Si no estás convencido/-a	pregunta.	Si os interesa	decídmelo.
Si tienes problemas de salud	no trabajes tanto.	Si vas a hacer la compra	no olvides tu dinero.	Si tienes tiempo	vente a tomar algo con nosotros/-as.
Si ella necesita ayuda	puede llamarme.	Si se va a España	se debe comer paella.	Si estudias mucho	aprobarás el examen.
Si quieres adelgazar	come alimentos sanos.	Si ella no lo sabe	pregúntalo a otra persona.	Si quieres	hazlo.
Si estás de vacaciones	disfruta el tiempo.	Si vas a un concierto	baila.	Si sales esta noche	no vuelvas muy tarde.
Si te duele el estómago	no comas más.	Si tienes frío	ponte una chaqueta.	Si tienes prisa	no pierdas el tiempo.
Si no tienes mucho tiempo para leer	cómprate un audiolibro.	Si quieres mejorar tu español durante las vacaciones	puedes pasar unas semanas en una escuela de idiomas en España.	Si quieres practicar tu español cuando ves películas	pon el audio y los subtítulos en español.
Si no haces los deberes	recibirás malas notas.	Si no estudias	suspenderás el examen.	Si te gusta la música de la banda	ve a un concierto.

Si quieres adelgazar	ve al gimnasio.	Si no te gusta	no lo hagas.	Si te gusta	hazlo.
Si vas al restaurante	prueba el pulpo.	Si vas a la biblioteca	tráeme el nuevo libro de Isabel Allende.	Si os interesa	buscad más información en Internet.
Si te gusta la música	préstame el CD.	Si me das tu dirección	te escribiré un postal.	Si os gusta	decídmelo.
Si tienes problemas de salud	no trabajes tanto.	Si vas a hacer la compra	no olvides tu dinero.	Si tienes tiempo	vente a tomar algo con nosotros/-as.
Si ella necesita ayuda	puede llamarme.	Si se va a España	se debe comer paella.	Si estudias mucho	aprobarás el examen.
Si quieres adelgazar	corre y come alimentos sanos.	Si ella no lo sabe	pregúntalo a otra persona.	Si quieres hacerlo	hazlo.
Si te gustan las películas con Brad Pitt	ve al cine para ver su nueva película.	Si vas a un concierto	disfruta el tiempo.	Si sales esta noche	llámame.
Si te duele el estómago	ve a la farmacia.	Si tienes frío	cómprate una chaqueta.	Si tienes prisa	No olvides
Si te gusta escuchar	cómprate un audiolibro.	Si te gusta conocer a gente nueva	haz un curso en la universidad popular.	Si quieres mejorar tu comprensión auditiva española	escucha un podcast.
Si no estudias para los exámenes	debes repetir el curso.	Si estás enfermo/-a	debes beber té.	Si queréis hacer algo para vuestra salud	id en bici.

3 Frases subordinadas

★ | 🧑

1 *Relaciona las frases con un pronombre relativo.* Verbinde die Sätze mit einem Relativpronomen.

a) Pablo tiene unos padres muy progresistas. Ellos apoyan todas sus ideas.

b) Pablo tiene muchas libertades. Sus padres confían mucho en él.

c) Las ideas de Pablo cambian de vez en cuando. Las escribe siempre en su diario.

d) Pablo va de vacaciones con amigos. Los amigos preparan el viaje.

e) Manuela es una chica muy bien organizada. Ella ha buscado los transportes más económicos.

f) Ella ha comprado un billete. Con ese billete se puede viajar durante tres semanas en trenes de toda Europa.

g) Manuela ha ido a agencias de viaje. Tienen ofertas muy diferentes.

h) Al final todos van juntos a San Sebastián. Hay una playa muy bonita y mucha vida cultural.

★★★ | 🧑

2 *Une las frases con* que *y/o* cuyo/-a/-os/-as *según el modelo.* Verbinde die Sätze mit *que* und/oder *cuyo/-a, cuyos/-as* wie in folgendem Beispiel:

Ejemplo:
Me he comprado un libro muy famoso.
Se desconoce el autor del libro.
Te recomiendo el libro porque es muy bueno.

➡ *Hoy me he comprado un libro muy famoso, cuyo autor se desconoce, y que te recomiendo porque es bueno.*

a) Hoy he conocido a un chico.
El padre del chico es sueco.
El chico es bilingüe español-sueco.

b) El bar "El Gato" ha tenido que cerrar y despedir a todos sus empleados.
Las propietarias del bar son las hermanas Ana e Isabel.
Los empleados estaban muy felices con sus jefas.

Name: _____   Datum: _____

★★ | 👥

3 Hoja de tándem. *Consulta a tu compañero y escribid la respuesta según el modelo.*
Frage deinen Mitschüler und dein Mitschüler formuliert die Antwort wie im Beispiel.

➡ ¿Qué ciudad te gusta más? – La ciudad que más me gusta *es Madrid.*

A	B
¿Qué idioma te gusta más? El que más me gusta es …	
	¿Qué continente te interesa más? El que más me interesa es …
¿Qué música escuchas más? La que más escucho es …	
	¿Qué color prefieres para tu ropa? El que prefiero es …
¿Qué palabra del español te gusta más? La que más me gusta es …	
	¿Qué animales detestas? Los que detesto son …
¿Qué sentimiento es más importante para ti? El que más me importa es …	
	¿Qué flor te gusta más? La que más me gusta es …
¿Qué película odias más? La que me odio más es …	

Cornelsen La frase en español
Autorin: Mareike Gloeckner · Lerntheke Spanisch 3./4. Lernjahr · Grammatik

KV 3
Seite 2 von 2

4 Conjunciones

★ | 👤

1 *Ordena las conjunciones según las categorías.* Sortiere die Konjunktionen in die Kategorien.

igual ♦ como ♦ en caso de que ♦ así como ♦ aun cuando ♦
antes de que ♦ dado que ♦ como si ♦ sin que ♦ si bien ♦ a menos que ♦
siempre que ♦ mientras que ♦ así… como ♦ sin ♦ ya que ♦ visto que ♦ sino ♦
puesto que ♦ a fin de que ♦ por más que ♦ ni … ni ♦ mientras que ♦
después de que ♦ con tal de que ♦ que ♦ tanto … como

Causales (porque)	Comparativas (como)	Concesivas (aunque)	Condicionales (si)

Finales (para que)	Copulativas (y)	Adversativas (pero)	Temporales (cuando)

★★ | 👤

2 *Une estas dos oraciones con una conjunción adecuada.* Verbinde die Sätze mit einer passenden Konjunktion.

a) Estoy enferma. No iré a trabajar mañana.

b) Pregunté a mucha gente. Nadie me pudo ayudar.

c) Tengo que trabajar. No tengo ganas.

d) Vuelves de vacaciones. Llámame.

e) Llueve. Se quedan en casa.

f) Me das un libro. Puedo leer.

Lerntheke 2

Cornelsen La frase en español
Autorin: Mareike Gloeckner · Lerntheke Spanisch 3./4. Lernjahr · Grammatik

5 La voz pasiva

★ | 👤

1 *Transforma las frases a la voz pasiva.* Setze die Sätze ins Passiv.

a) Yo leo un libro.

b) El niño ha encontrado el balón.

c) Ana y Domingo comieron la pasta.

d) Los abuelos habían construido una casa nueva.

e) Los vecinos habrán regado mis plantas.

★★★ | 👤

2 *Redacta las frases en voz pasiva, en los tiempos dados y con el verbo* estar. Setze die Sätze ins Passiv in der angegebenen Zeit und mit *estar*.

a) hacer la cama (presente)

b) preparar el desayuno (pretérito indefinido)

c) cerrar las puertas (futuro perfecto)

d) abrir la ventana (pretérito pluscuamperfecto)

e) aparcar el coche (futuro)

★★ | 👤

3 *Forma la pasiva refleja con* se. Bilde das reflexive Passiv mit *se*.

a) La música es escuchada.

b) Las cajas han sido contadas.

c) El coche había sido fabricado.

d) Los paquetes habrán sido ordenados.

e) Los periódicos habrían sido publicados.

★★★ | 👥

4 ¡A jugar!

a) Faltet und klebt die Würfel.

b) Bildet einen Satz mit so vielen Elementen wie möglich mit Passivkonstruktionen entweder mit *ser/estar* oder *se*.

c) Für jedes Element bekommt ihr einen Zahnstocher.

d) Wer am meisten Zahnstocher am Ende hat, gewinnt.

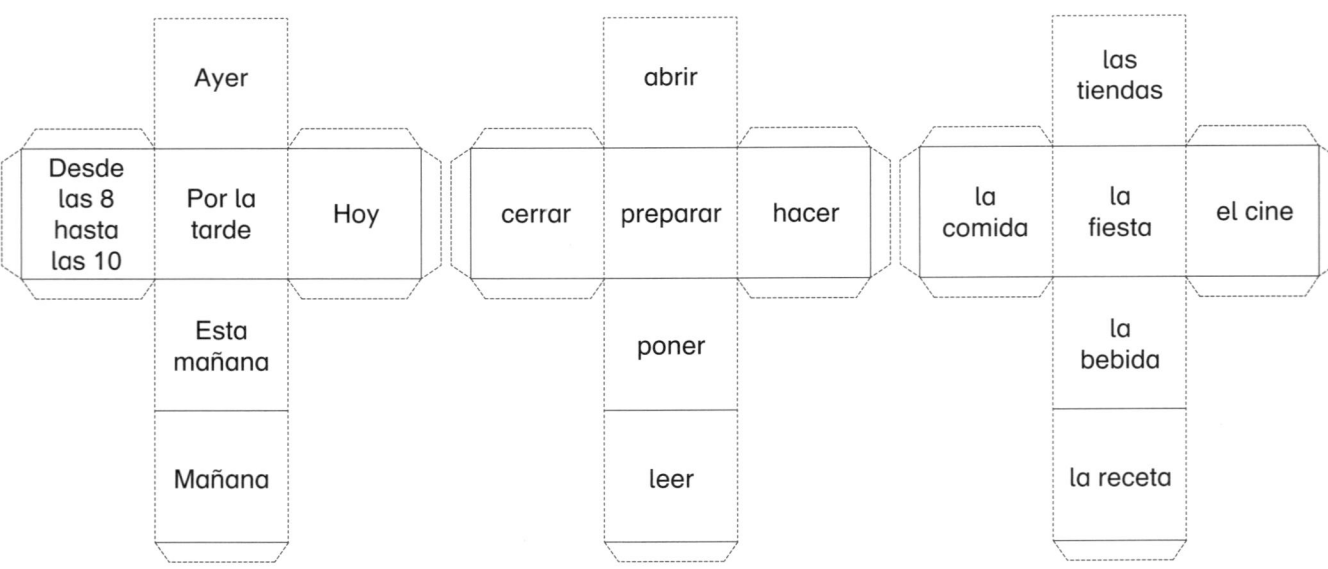

Lerntheke 2

1 El estilo directo e indirecto

1 a) ▶ Bradley Cooper dice que ese día es un día fenomenal. No solo son los premios Oscar, sino también es su cumpleaños.
▶ JayZ dice que en 2019 harán una pausa con sus niños. Después harán una pausa mundial.
▶ Heidi Klum dice que ha comprado un apartamento. Vive en Nueva York ahora.
▶ Selena Gomez dice que aparte de hacer música y películas, va a ser presentadora. Pero todavía es un secreto.
▶ Adele dice que ha grabado su nuevo disco. Se llama "Yo soy Adele". Estará en las tiendas el mes siguiente.

b) ▶ Bradley Cooper dijo que aquel día era un día fenomenal. No solo eran los premios Oscar, sino también era su cumpleaños.
▶ JayZ dijo que en 2019 harían una pausa con sus niños. Después harían una pausa mundial.
▶ Heidi Klum dijo que había comprado un apartamento. Vivía en Nueva York entonces.
▶ Selena Gomez dijo que aparte de hacer música y películas, iba a ser presentadora. Pero todavía era un secreto.
▶ Adele dijo que había grabado su nuevo disco. Se llama "Yo soy Adele". Estaría en las tiendas el mes siguiente.

2

Estilo directo	Estilo indirecto	Estilo directo	Estilo indirecto
hoy	aquel día	el próximo año	al año siguiente
ahora	entonces	mañana	al día siguiente
ayer	el día anterior	aquí	allí
la semana pasada	la semana anterior	este/a	aquello/-a

3 a) El padre pregunta a su hijo si se ha lavado las manos.
b) El profesor preguntó (que) cuándo había muerto Carlos V.
c) Ana preguntó a sus amigos (que) por qué lloraban.

2 Condiciones reales

1 Si estudias, aprobarás.   Si tengo tiempo, te ayudo.
Si tienes frío, abrígate.   Si coméis mucho chocolate, os duele el estómago.

3 Frases subordinadas

1 a) Pablo tiene unos padres muy progresistas que apoyan todas sus ideas.
b) Pablo en quien sus padres confían mucho tiene muchas libertades.
c) Las ideas de Pablo que siempre escribe en su diario cambian de vez en cuando.
d) Los amigos con quienes Pablo va de vacaciones preparan el viaje.
e) Manuela quien es una chica muy bien organizada ha buscado los transportes más económicos.
f) Ella ha comprado un billete con el cual se puede viajar durante tres semanas en trenes de toda Europa.
g) Las agencias de viaje adonde ha ido Manuela tienen ofertas muy diferentes.
h) Al final todos van juntos a San Sebastián donde hay una playa muy bonita y mucha vida cultural.

2 a) Hoy he conocido a un chico, cuyo padre es sueco, que es bilingüe español-sueco.
b) El bar "El Gato", cuyas propietarias son las hermanas Ana e Isabel, ha tenido que cerrar y despedir a todos sus empleados que estaban felices con sus jefas.

4 Conjunciones

1 **Causales (porque):** como, ya que, dado que, visto que puesto que, **Comparativos (como):** que, así como, como si, sin que; **Concesivas (aunque):** si bien, aun cuando, por más que; **Condicionales (si):** si no, a menos que, en caso de que, siempre que; **Finales** con tal de que, a fin de que; **Copulativas (y):** ni ... ni ..., así ... como ..., igual ... que ..., tanto ... como ...; **Adversativas (pero):** sino, mientras que; **Temporales (cuando):** después de que; mientras que, al mismo tiempo que, antes de que

2 a) No iré a trabajar mañana porque estoy enferma.
b) Pregunté a mucha gente pero nadie me pudo ayudar.
c) Tengo que trabajar aunque no tengo ganas.
d) Llámame en cuanto vuelvas de vacaciones.
e) Llueve así que se quedan en casa.
f) Me das un libro para que pueda leer.

5 La voz pasiva

1 a) El libro es leído
b) El balón ha sido encontrado por el niño.
c) La pasta fue comida por Ana y Domingo.
d) Una casa nueva había sido construida por los abuelos.
e) Mis plantas habrán sido regadas por los vecinos.

2 a) La cama está hecha.
b) El desayuno estuvo preparado.
c) Las puertas habrán estado cerradas.
d) La ventana había estado abierta.
e) El coche estará aparcado.

3 a) Se escucha la música.
b) Se han contado las cajas.
c) Se había fabricado el coche.
d) Se habrán ordenado los paquetes.
e) Se habrían publicado los periódicos.

4 Respuestas posibles:
▲ Ayer las tiendas estuvieron abiertas.
▲ Desde las 8 hasta las 10 el cine está cerrado.
▲ Por la tarde la fiesta está preparada.
▲ Mañana la bebida estará hecha.
▲ Hoy las tiendas no están abiertas.

Cornelsen — La frase en español — Autorin: Mareike Gloeckner · Lerntheke Spanisch 3./4. Lernjahr · Grammatik

Lerntheke 3
El subjuntivo

Diese Lerntheke befasst sich mit der Bildung und dem Gebrauch des Subjuntivs. Dabei wird in verschiedenen Formbildungs- und Zuordnungsaufgaben auf den Subjunktiv im Präsens, Imperfekt, Perfekt und Plusquamperfekt eingegangen. Abschließend bietet eine Einheit Übungen zur Anwendung in irrealen Bedinungssätzen. Darüber hinaus bietet eine Einheit Aufgaben zur Verwendung des Subjuntivs in Form des verneinten Imperativs.

Übersicht

1 El presente de subjuntivo	Die Lerner wiederholen die Bildung des Subjunktivs Präsens anhand von zwei Formbildungsübungen, zwei Einsetzübungen und spielerischen Gruppen-/Partnerübungen.	★ | 👤 ★★ | 👤 ★★ | 👥👥 ★ | 👤 / 👥👥 ★★ | 👤 ★★ | 👤
2 El imperfecto de subjuntivo	Anhand von Formbildungs- und Einsetzübungen sowie einem Spiel wiederholen die Lerner die Formbildung und den Gebrauch des Subjuntivs Imperfekt und Perfekt.	★ | 👤 ★ | 👤 ★ | 👤 ★★ | 👤 ★ | 👥👥 ★ | 👤 / 👥👥
3 El perfecto y pluscuamperfecto de subjuntivo	In dieser Einheit üben die Lerner nicht nur den Gebrauch, sondern auch die Formbildung, besonders des Partizips, anhand von Einsetzübungen sowie eines Kreuzworträtsels.	★ | 👤 ★ | 👤 ★★ | 👤
4 Construcciones condicionales irreales mixtas	In dieser Einheit erarbeiten die Lerner die Verwendung des irrealen Bedingungssatzes der Gegenwart und Vergangenheit anhand von Zuordnungsübungen sowie einer spielerischen Partnerübung.	★★ | 👤 ★★ | 👤 ★★★ | 👤 ★★ | 👥👥
5 El imperativo negativo	Der verneinte Imperativ wird anhand verschiedener Umformungsübungen sowie einer Übung mit visuellen Elementen geübt.	★ | 👤 ★★ | 👤 ★★ | 👤 ★★ | 👤 ★★★ | 👤

1   El presente de subjuntivo

★ | 👤

1 *Completa la tabla.* Vervollständige die Tabelle.

comprar	beber	escribir
compre	beba	
		escribas
compre	beba	
		escribamos
	bebáis	
compren		escriban

★★ | 👤

2 *Escribe la primera persona del singular y del plural del presente de subjuntivo.*
Setze die Verben in die 1. Person Singular und Plural des Subjunktivs Präsens.

a) encontrar: _____

b) sentarse: _____

c) morir: _____

d) entender: _____

e) divertirse: _____

f) cerrar: _____

g) recordar: _____

h) contar: _____

i) repetir: _____

j) preferir: _____

★★ | 👥

3 *Juego de mesa* SNAKES AND LADDERS

Spielregeln: Die Leiter wird grundsätzlich hochgeklettert. Wer also unten auf eine Leiter kommt, geht auf das Feld direkt darüber. Wer auf das Hinterteil der Schlange tritt, muss in das Feld direkt darunter rutschen.

Felder: Um weiterzukommen, zieht ihr eine Karte aus der Übung 4, S. 31. Schneidet dazu die Karten aus und knickt sie in der Mitte. So können die anderen Mitspieler die Lösungen kontrollieren.

Ihr habt jeweils 30 Sekunden Zeit.

Lerntheke 3

Lerntheke 3

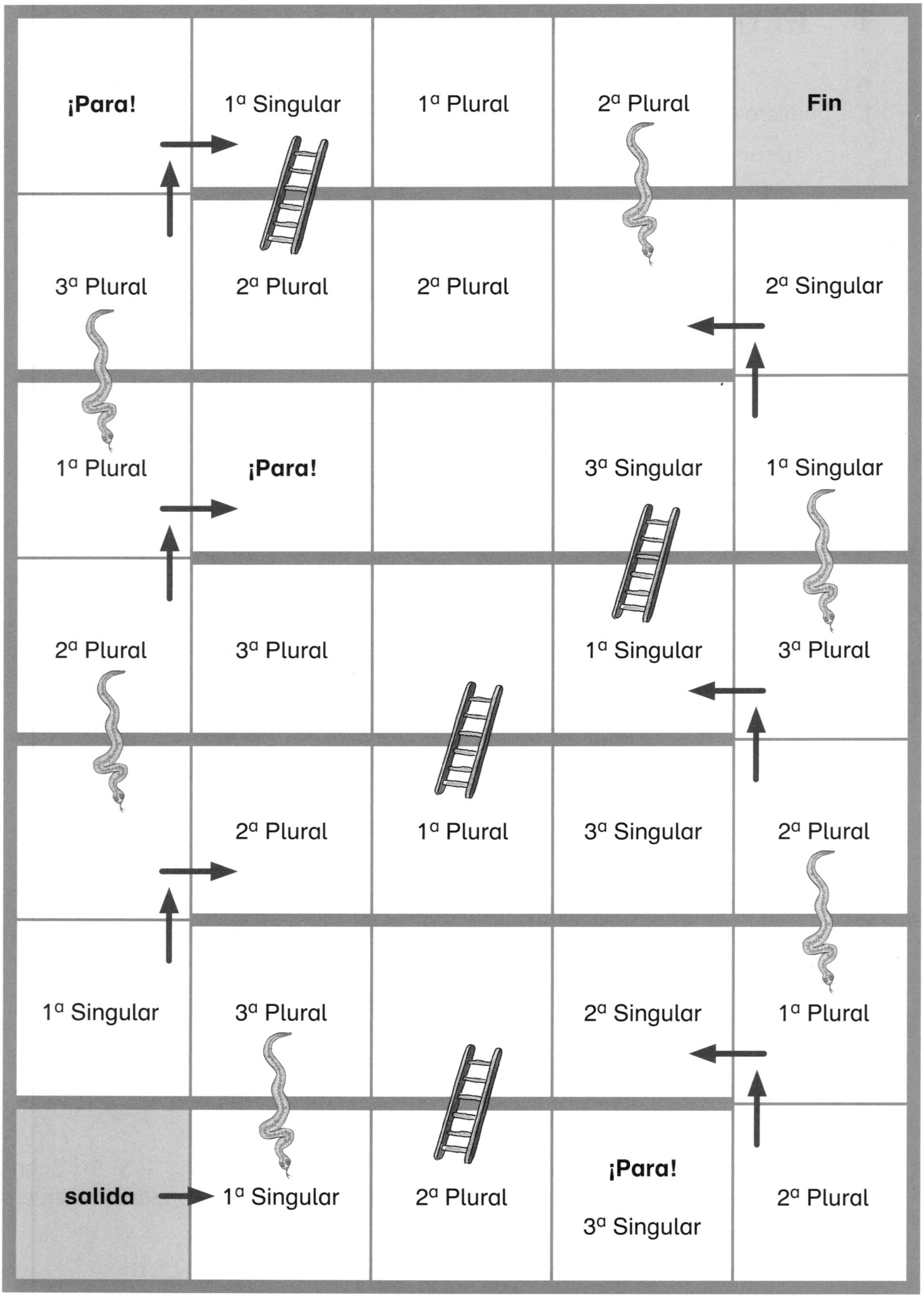

¡Para!	1ª Singular	1ª Plural	2ª Plural	**Fin**
3ª Plural	2ª Plural	2ª Plural		2ª Singular
1ª Plural	¡Para!		3ª Singular	1ª Singular
2ª Plural	3ª Plural		1ª Singular	3ª Plural
	2ª Plural	1ª Plural	3ª Singular	2ª Plural
1ª Singular	3ª Plural		2ª Singular	1ª Plural
salida	1ª Singular	2ª Plural	¡Para! 3ª Singular	2ª Plural

Cornelsen

El subjuntivo
Autorin: Mareike Gloeckner · Lerntheke Spanisch 3./4. Lernjahr · Grammatik
Illustrationen: Kristina Klotz (Leiter), Sulu Trüstedt (Schlange)

KV 1
Seite 2 von 6

4 *¡A practicar! Usa las tarjetas para practicar las conjugaciones. Trabaja solo/-a o con un compañero.* Verwende die Kärtchen, um die Konjugationen zu üben. Arbeite alleine oder mit deinem Nachbarn.

tomar		
1)	yo	tome
2)	tú	tomes
3)	él, ella	tome
4)	nosotros/-as	tomemos
5)	vosotros/-as	toméis
6)	ellos/-as	tomen

trabajar		
1)	yo	trabaje
2)	tú	trabajes
3)	él, ella	trabaje
4)	nosotros/-as	trabajemos
5)	vosotros/-as	trabajéis
6)	ellos/-as	trabajen

escribir		
1)	yo	escriba
2)	tú	escribas
3)	él, ella	escriba
4)	nosotros/-as	escribamos
5)	vosotros/-as	escribáis
6)	ellos/-as	escriban

bailar		
1)	yo	baile
2)	tú	bailes
3)	él, ella	baile
4)	nosotros/-as	bailemos
5)	vosotros/-as	bailéis
6)	ellos/-as	bailen

aprender		
1)	yo	aprenda
2)	tú	aprendas
3)	él, ella	aprenda
4)	nosotros/-as	aprendamos
5)	vosotros/-as	aprendáis
6)	ellos/-as	aprendan

Lerntheke 3

Cornelsen

El subjuntivo
Autorin: Mareike Gloeckner · Lerntheke Spanisch 3./4. Lernjahr · Grammatik

KV 1
Seite 3 von 6

Lerntheke 3

preguntar			
	1)	yo	pregunte
	2)	tú	preguntes
	3)	él, ella	pregunte
	4)	nosotros/-as	preguntemos
	5)	vosotros/-as	preguntéis
	6)	ellos/-as	pregunten

excuchar			
	1)	yo	escuche
	2)	tú	escuches
	3)	él, ella	escuche
	4)	nosotros/-as	escuchemos
	5)	vosotros/-as	escuchéis
	6)	ellos/-as	escuchen

estudiar			
	1)	yo	estudie
	2)	tú	estudies
	3)	él, ella	estudie
	4)	nosotros/-as	estudiemos
	5)	vosotros/-as	estudiéis
	6)	ellos/-as	estudien

tener			
	1)	yo	tenga
	2)	tú	tengas
	3)	él, ella	tenga
	4)	nosotros/-as	tengamos
	5)	vosotros/-as	tengáis
	6)	ellos/-as	tengan

pasar			
	1)	yo	pase
	2)	tú	pases
	3)	él, ella	pase
	4)	nosotros/-as	pasemos
	5)	vosotros/-as	paséis
	6)	ellos/-as	pasen

Lerntheke 3

hacer			
	1)	yo	haga
	2)	tú	hagas
	3)	él, ella	haga
	4)	nosotros/-as	hagamos
	5)	vosotros/-as	hagáis
	6)	ellos/-as	hagan

salir			
	1)	yo	salga
	2)	tú	salgas
	3)	él, ella	salga
	4)	nosotros/-as	salgamos
	5)	vosotros/-as	salgáis
	6)	ellos/-as	salgan

comer			
	1)	yo	coma
	2)	tú	comas
	3)	él, ella	coma
	4)	nosotros/-as	comamos
	5)	vosotros/-as	comáis
	6)	ellos/-as	coman

beber			
	1)	yo	beba
	2)	tú	bebas
	3)	él, ella	beba
	4)	nosotros/-as	bebamos
	5)	vosotros/-as	bebáis
	6)	ellos/-as	beban

★★ | 👤

5 *Completa las frases con el presente de subjuntivo.* Verwende den Subjunktiv Präsens.

a) Deseo que todos mis amigos (disfrutar) _____ del botellón.

b) Mis padres tienen miedo de que (tomar, yo) _____ demasiado alcohol.

c) No quiere que (beber, nosotros) _____ tanto alcohol.

d) Te aconsejo que (hablar, tú) _____ con tus padres.

e) Me gusta que mis amigos (organizar) _____ tantos botellones.

f) Me alegro de que (asistir, vosotros) _____ al botellón.

g) Mis padres quieren que (quedarse, yo) _____ en casa y no

quieren que _____ (salir, yo) .

h) Le recomiendo que no (beber, él) _____ chupitos.

i) Mis amigos desean que (participar, yo) _____ en el botellón.

j) Espero que mis padres no me (poner) _____ tantos límites.

★★ | 👤

6 *Completa con el presente de subjuntivo o indicativo.* Setze den Indikativ oder Subjunktiv Präsens ein.

a) Quiero que _____ (saber, tú) la información antes de escribir.

b) Ellos prefieren que _____ (poner, nosotros) los abrigos en el salón.

c) El profesor insiste en que los alumnos _____ (estudiar) cada día.

d) El hombre está seguro de que la mujer _____ (cocinar) muy bien.

e) Es necesario que los estudiantes _____ (hacer) sus deberes.

f) El médico prohíbe que yo _____ (fumar) cigarrillos.

g) Espero _____ (ir) a la universidad el año próximo.

h) Dudo que él _____ (dar) dinero a la caridad.

i) Temo que Luis no _____ (aprobar) el examen.

j) Carmen y yo no dudamos de que nuestros padres _____ (estar) tristes.

k) Los padres no están convencidos de que él _____ (ser) el esposo ideal para su hija.

l) Es verdad que yo _____ (ser) de España.

m) No hay duda de que a Pablo le _____ (gustar) bailar.

n) Puede ser que José _____ (estar) en su dormitorio.

Lerntheke 3

Cornelsen

El subjuntivo
Autorin: Mareike Gloeckner · Lerntheke Spanisch 3./4. Lernjahr · Grammatik

KV 1
Seite 6 von 6

2   El imperfecto de subjuntivo

★ | 👤

1 *Pon los verbos en el imperfecto de subjuntivo.* Setze die Verben in den Subjunktiv Imperfekt.

a) 🎲 hablar   _____

b) 🎲 vivir   _____

c) 🎲 beber   _____

d) 🎲 ser   _____

e) 🎲 llamarse   _____

f) 🎲 estudiar   _____

g) 🎲 vivir   _____

★ | 👤

2 *Completa con la forma correcta del verbo usando el subjuntivo de imperfecto.* Setze den Subjunktiv Imperfekt ein.

a) ¡Han pasado diez años y parece que _____ ayer! (ser)

b) No sabíamos que tú _____ un perro. (tener)

c) El jefe no se alegra de que nosotros _____ tan tarde. (llegar)

★ | 👤

3 *Elige la forma correcta del imperfecto de subjuntivo.* Wähle die korrekte Form des Subjunktivs Imperfekt.

a) Estamos muy felices de que te casaras/casaran/casara en Madrid.

b) Me gustaría que tú y tu amigo viniera/vinierais/viniéramos a la fiesta.

c) Es posible que la mercancía llegara/llegaran/llegarais ayer.

★★ | 👤

4 *Pon los verbos en imperfecto o presente de subjuntivo.* Verwende den Subjunktiv Perfekt oder Präsens.

a) Es importante que tú me _____ (escuchar).

b) Pidieron que tú _____ (venir).

c) Estaba claro que ellas _____ (entender) la pregunta.

d) Sería preciso que _____ (ir).

e) Lamentó que ayer no _____ (poder) vernos.

Lerntheke 3

Cornelsen   El subjuntivo
Autorin: Mareike Gloeckner · Lerntheke Spanisch 3./4. Lernjahr · Grammatik
Illustrationen: Steffen Jähde (Würfel)

KV 2
Seite 1 von 5

★ | 👥

5 *Ladrillos. Vier gewinnt.*

Ziel: Derjenige, der zuerst 4 Felder diagonal, horizontal oder vertikal gesetzt hat, gewinnt.

Ablauf: Um ein Kreuz setzen zu können, musst du die korrekte Form des Verbes in der richtigen Person nennen, die der Würfel anzeigt. Verwende dazu die Verb-kärtchen, in dem Spieler A Spieler B fragt und die Antwort kontrollieren kann.

 vosotros/-as   **tú**

2ª plural	1ª singular	3ª singular	2ª plural	1ª plural	3ª singular	2ª plural
3ª singular	1ª plural	3ª singular	2ª singular	1ª plural	2ª plural	3ª singular
2ª plural	1ª plural	1ª singular	2ª singular	3ª plural	2ª plural	1ª singular
2ª singular	1ª singular	3ª singular	1ª plural	3ª plural	2ª plural	2ª singular
3ª singular	1ª plural	3ª singular	2ª plural	1ª plural	2ª plural	1ª singular
2ª plural	1ª plural	3ª singular	1ª plural	3ª plural	2ª singular	1ª plural
2ª singular	3ª plural	2ª singular	1ª singular	3ª plural	1ª plural	2ª singular

Lerntheke 3

Cornelsen   El subjuntivo
Autorin: Mareike Gloeckner · Lerrtheke Spanisch 3./4. Lernjahr · Grammatik
Illustrationen: Steffen Jähde (Würfel)

KV 2
Seite 2 von 5

★ | 👤 / 👥

6 *¡A practicar! Usa las tarjetas para practicar las conjugaciones. Trabaja solo/-a o con un compañero.* Verwende die Kärtchen, um die Konjugationen zu üben. Arbeite alleine oder mit deinem Nachbarn.

tomar		
1)	yo	tomara
2)	tú	tomaras
3)	él, ella	tomara
4)	nosotros/-as	tomáramos
5)	vosotros/-as	tomarais
6)	ellos/-as	tomaran

trabajar		
1)	yo	trabajara
2)	tú	trabajaras
3)	él, ella	trabajara
4)	nosotros/-as	trabajáramos
5)	vosotros/-as	trabajarais
6)	ellos/-as	trabajaran

escribir		
1)	yo	escribiera
2)	tú	escribieras
3)	él, ella	escribiera
4)	nosotros/-as	escribiéramos
5)	vosotros/-as	escribierais
6)	ellos/-as	escribieran

bailar		
1)	yo	bailara
2)	tú	bailaras
3)	él, ella	bailara
4)	nosotros/-as	bailáramos
5)	vosotros/-as	bailarais
6)	ellos/-as	bailaran

aprender		
1)	yo	aprendiera
2)	tú	aprendieras
3)	él, ella	aprendiera
4)	nosotros/-as	aprendiéramos
5)	vosotros/-as	aprendierais
6)	ellos/-as	aprendieran

Lerntheke 3

preguntar			
	1)	yo	preguntara
	2)	tú	preguntaras
	3)	él, ella	preguntara
	4)	nosotros/-as	preguntáramos
	5)	vosotros/-as	preguntarais
	6)	ellos/-as	preguntaran

excuchar			
	1)	yo	escuchara
	2)	tú	escucharas
	3)	él, ella	escuchara
	4)	nosotros/-as	escucháramos
	5)	vosotros/-as	escucharais
	6)	ellos/-as	escucharan

estudiar			
	1)	yo	estudiara
	2)	tú	estudiaras
	3)	él, ella	estudiara
	4)	nosotros/-as	estudiáramos
	5)	vosotros/-as	estudiarais
	6)	ellos/-as	estudiaran

tener			
	1)	yo	tuviera
	2)	tú	tuvieras
	3)	él, ella	tuviera
	4)	nosotros/-as	tuviéramos
	5)	vosotros/-as	tuvierais
	6)	ellos/-as	tuvieran

pasar			
	1)	yo	pasara
	2)	tú	pasaras
	3)	él, ella	pasara
	4)	nosotros/-as	pasáramos
	5)	vosotros/-as	pasarais
	6)	ellos/-as	pasaran

Cornelsen El subjuntivo
Autorin: Mareike Gloeckner · Lerntheke Spanisch 3./4. Lernjahr · Grammatik

KV 2
Seite 4 von 5

Lerntheke 3

hacer			
	1)	yo	hiciera
	2)	tú	hicieras
	3)	él, ella	hiciera
	4)	nosotros/-as	hiciéramos
	5)	vosotros/-as	hicierais
	6)	ellos/-as	hicieran

salir			
	1)	yo	saliera
	2)	tú	salieras
	3)	él, ella	saliera
	4)	nosotros/-as	saliéramos
	5)	vosotros/-as	salierais
	6)	ellos/-as	salieran

comer			
	1)	yo	comiera
	2)	tú	comieras
	3)	él, ella	comiera
	4)	nosotros/-as	comiéramos
	5)	vosotros/-as	comierais
	6)	ellos/-as	comieran

beber			
	1)	yo	bebiera
	2)	tú	bebieras
	3)	él, ella	bebiera
	4)	nosotros/-as	bebiéramos
	5)	vosotros/-as	bebierais
	6)	ellos/-as	bebieran

3 El perfecto y pluscuamperfecto de subjuntivo

1 *Transforma las frases como en el ejemplo usando el perfecto de subjuntivo.*
Ejemplo: Ya he comido mucho. ➡ (Espero que) hayas comido suficiente.

a) Hemos trabajado mucho.

_____ (bien)

b) Ellos han dicho lo que vieron.

_____ (la verdad)

c) Has mentido al decir eso.

_____ (sin querer)

d) Ella ha llegado ahora.

_____ (descansada)

2 a *Busca los participios y escribe los infinitivos.*

A	M	O	I	K	L	B	O	P	T
R	G	U	F	T	R	V	A	C	W
E	F	K	Z	R	T	E	M	L	K
R	A	L	U	I	O	N	N	L	D
R	E	L	X	S	Q	I	E	X	V
K	F	L	G	S	C	D	X	v	I
L	L	A	M	A	D	O	v	B	S
U	T	S	R	W	B	N	N	M	T
P	R	E	O	C	U	P	A	D	O
J	L	G	P	O	B	V	B	N	C
Y	S	U	A	B	N	H	J	M	U
Z	T	I	R	L	U	B	J	N	M
U	G	D	Z	B	N	V	M	J	F
T	H	O	C	X	X	C	Y	H	K
U	L	H	N	Z	f	D	L	O	I

b *Completa las frases con el subjuntivo de pluscuamperfecto de los participios de 2ª.*

a) Seguro que yo te _____ hasta el fin de mundo.

b) Imagínate que tus amigos no te _____ por tus cumpleaños.

c) Me gustaría que vosotros _____ antes.

d) No te lo dije porque _____ .

e) Aunque no nos gusta esta película, la _____ de todos modos.

Lerntheke 3

El subjuntivo
Autorin: Mareike Gloeckner · Lerrtheke Spanisch 3./4. Lernjahr · Grammatik

4 Construcciones condicionales irreales mixtas

★★ | 👤

1 *Pon la forma correcta de los verbos.* Setze die richtige Verbform ein.

a) Si Pablo _____ (tomar) el autobús en vez de su coche,

   no _____ (tener) un accidente.

b) Si los españoles no _____ (llegar) a América, los peruanos de hoy

   _____ (hablar) otras lenguas.

c) Si Eva no _____ (ahorrar) mucho dinero durante varios años,

   no _____ (viajar) a Perú.

d) Si _____ (saber) que estabas aquí, te _____ (traer) tus libros.

e) Trabajo en una empresa muy grande. Si no _____ (trabajar) tantas

   horas, _____ (estar) más tiempo con mi familia.

f) Me duele la espalda. Si _____ (tener) más tiempo, _____

   (hacer) más deporte.

★★ | 👤

2 *Completa la columna de la izquierda y después relaciona las frases de las dos columnas.* Vervollständige die Spalte links und verbinde sie dann mit den richtigen Satzelementen aus der Spalte rechts.

1. Si me _____ en coche (llevar, tú)	a) tendríais más paciencia conmigo.
2. Si _____ más dinero (tener, ella)	b) tendrían que llamar a la centralita.
3. Si yo _____ tú (ser, yo)	c) no discutiríamos tanto.
4. Si _____ usted ayudarme (poder)	d) compraría un piso mucho más grande.
5. Si no _____ tan cabezota (ser, tú)	e) no tendría que tomar dos autobuses.
6. Si _____ lo cansada que estoy (saber, tú)	f) se lo agradecería.
7. Si _____ preguntar algo (querer, ustedes)	g) lo haría de otra manera.

Lerntheke 3

Cornelsen El subjuntivo
Autorin: Mareike Gloeckner · Lerntheke Spanisch 3./4. Lernjahr · Grammatik

★★★|👤

3 *Completa las frases.* Vervollständige die Sätze.

a) Si me _____ (llamar) ayer, _____ (venir) para ayudarte.

b) Si Ana y Enrico _____ (dormir) más, no _____ (tener) el accidente.

c) Si me _____ (informar) antes, yo _____ (hablar) con mi jefe.

d) Si _____ (estudiar) más, no _____ (fallar) el examen.

e) Si _____ (leer) la invitación otra vez, no _____ (llegar) tarde.

★★|👥👥

4 *¡A jugar!*

El juego "BINGO"

Die Regeln:

1. Überlegt euch, was ihr in folgenden Situationen tun würdet.
2. Fragt eure Mitschüler, was sie in folgenden Situationen tun würden.
2. Ihr könnt jede Person immer nur einmal fragen .
3. Wenn eure Antworten übereinstimmen, markiert das Feld mit einem „X".
4. Um zu gewinnen, müsst ihr eine komplette Reihe in horizontaler, vertikaler oder diagonaler Richtung haben.
5. Sobald dies der Fall ist, ruft „BINGO".

Modelo: ➡ ¿Si ganaras un millón, ¿viajarías por el mundo o donarías el dinero?
➡ Si ganara un millón, viajaría por el mundo/donaría el dinero.

ganar un millón **viajar por el mundo/donar el dinero**	*cita romántica con Justin Bieber* **película romántica/ restaurante**	*estar en Barcelona ahora* **Sagrada Familia/ las Ramblas**	*jugador de fútbol del año 2018* **viajar por el mundo/cele- brar con amigos**
te regalar un coche **Porsche/VW Bus**	*ser actor/actriz* **teatro/televisión**	*ser músico* **guitarrista/ cantante**	*ser presentador/-a* **programa para niños/programa de música**
viajar por el mundo **con amigo(s)/ solo/-a**	*abrir un hotel* **en la playa/ en una ciudad**	*tener una casa* **barco vivienda/villa**	*viajar a América Latina* **México/Perú**
hablar otro idioma **chino/ruso**	*ir a los premios Oscar con Ashton Cutcher/Mathias Schweighöfer*	*tener un cine* **solo películas de horror/solo películas de amor**	*tener una isla* **hacer una barbacoa/leer**

5   El imperativo negativo

★ | 👤

1 *Forma el imperativo negativo.* Bilde den negativen Imperativ.

a) fumar tanto   ¡_____ (tú)!

b) venir antes de las tres   ¡_____ (vosotros)!

c) tocar el piano   ¡_____ (usted)!

d) ser malo   ¡_____ (tú)!

★★ | 👤

2 *Responde a las preguntas.* Antworte auf die Fragen mit dem negativen Imperativ.

a) ¿Leo el periódico?   No, _____

b) ¿Veo las noticias?   No, _____

c) ¿Pago la cuenta?   No, _____

d) ¿Hago las maletas?   No, _____

e) ¿Me compro un ordenador nuevo?   No, _____

★★ | 👤

3 *Escribe los infinitivos de los verbos.* Schreibe die Infinitve zu den Verben.

a) ¡no pagues! = _____

b) ¡no vayamos! = _____

c) ¡no juguéis! = _____

d) ¡no te creas! = _____

e) ¡no hables así! = _____

f) ¡no pongas! = _____

★★★ | 👤

4 *Diseña las imágenes de prohibido adeguados a los verbos y forma la segunda persona singular en imperativo negativo.*

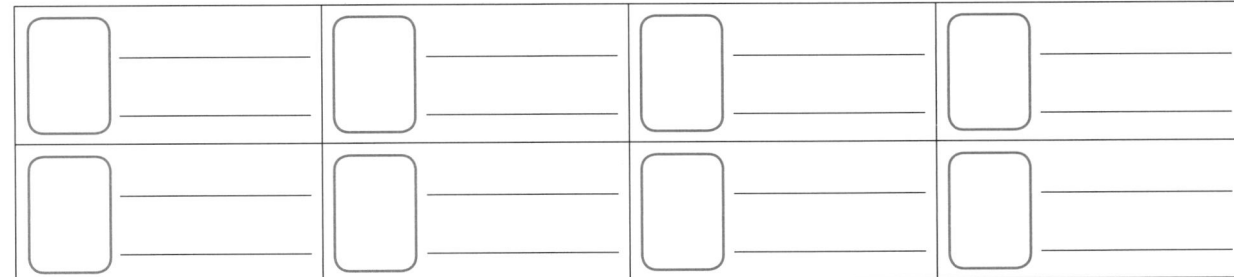

a) empujar b) comer c) pisar d) sacar fotos e) beber f) hablar g) aparcar h) usar móviles

Lerntheke 3

Cornelsen   El subjuntivo
Autorin: Mareike Gloeckner · Lerntheke Spanisch 3./4. Lernjahr · Grammatik
Illustrationen: Dorina Tessmann

KV 5
Seite 1 von 1

3 (continuación)

a) Seguro que yo te hubiera seguido hasta el fin de mundo.
b) Imagínate que tus amigos no te hubieran llamado por tus cumpleaños.
c) Me gustaría que vosotros hubierais venido antes.
d) No te lo dije porque te hubieras preocupado.
e) Aunque no nos gusta esta película, la hubiéramos visto de todos modos.

4 Construcciones condicionales irreales mixtas

1 a) Si Pablo hubiera tomado el autobús en vez de su coche, no habría tenido un accidente.
b) Si los españoles no hubieran llegado a América, los peruanos de hoy hablarían otras lenguas.
c) Si Eva no hubiera ahorrado mucho dinero durante varios años, no habría viajado a Perú.
d) Si hubiera sabido que estabas aquí, te habría traído tus libros.
e) Trabajo en una empresa muy grande. Si no trabajara tantas horas, estaría más tiempo con mi familia.
f) Me duele la espalda. Si tuviera más tiempo, haría más deporte.

2 a) Si me llevaras en coche, no tendría que tomar dos autobuses.
b) Si tuviera más dinero, compraría un piso mucho más grande.
c) Si yo fuera tú, lo haría de otra manera.
d) Si pudiera usted ayudarme, se lo agradecería.
e) Si no fueras tan cabezota, no discutiríamos tanto.
f) Si supieras lo cansada que estoy, tendrías más paciencia conmigo.
g) Si preguntaran algo, tendrían que llamar a la centralita.

3 a) Si me hubiera llamado ayer, habría venido para ayudarte.
b) Si Ana y Enrico hubieran dormido más, no habrían tenido el accidente.
c) Si me hubieras informado antes, yo habría hablado con mi jefe.
d) Si hubieras estudiado más, no habrías fallado en el examen.
e) Si hubieras leído la invitación otra vez, no habrías llegado tarde.

5 El imperativo negativo

1 a) ¡No fumes tanto!
b) ¡No vengáis antes de las tres!
c) ¡No toque el piano!
d) ¡No seas malo!

2 a) No, no lo leas.
b) No, no las veas.
c) No, no la pagues.
d) No, no las hagas.
e) No, no lo compres.

3 a) ¡no pagues! = pagar
b) ¡no vayamos! = ir
c) ¡no juguéis! = jugar
d) ¡no te creas! = creer
e) ¡no hables así! = hablar
f) ¡no pongas! = poner

4

no pisar / no pises	no empujar / no empujes	no comer / no comas	no usar móviles / no uses móviles
no aparcar / no aparques	no hablar / no hables	no beber / no bebas	no sacar fotos / no saques fotos

Cornelsen El subjuntivo
Autorin: Mareike Gloeckner · Lerntheke Spanisch 3./4. Lernjahr · Grammatik
Illustration: Dorina Tessmann

Lösungsseite 2

---

1 El presente de subjuntivo

1

comprar	beber	escribir
compre	beba	escriba
compres	bebas	escribas
compre	beba	escriba
compremos	bebamos	escribamos
compréis	bebáis	escribáis
compren	beban	escriban

5 a) disfruten
b) tome
c) bebamos
d) hables
e) organicen
f) asistáis
g) me quede/salga
h) beba
i) participe
j) pongan

2 a) encontrar: encuentre/encontremos
b) sentarse: me siente/nos sentemos
c) morir: muera/moramos
d) entender: entienda/entendamos
e) divertirse: me divierta/nos divertamos
f) cerrar: cierre/cerremos
g) recordar: recuerde/recordemos
h) contar: cuente/contemos
i) repetir: repita/repitamos
j) preferir: prefiera/prefiramos

6 a) sepas
b) pongamos
c) estudien
d) cocina
e) hagan
f) fume
g) ir
h) dé
i) apruebe
j) estén
k) sea
l) soy
m) guste
n) esté

2 El imperfecto de subjuntivo

1 a) = hablara
b) = viviera
c) = bebieran
d) = fuérais
e) = me llamara
f) = estudiaras
g) = viviéramos

2 a) fueran
b) tuvieras
c) llegáramos

3 a) Estamos muy felices de que te casaras en Madrid.
b) Me gustaría que tú y tu amigo vinierais a la fiesta.
c) Es posible que la mercancía llegara ayer.

4 a) Es importante que tú me escuches.
b) Pidieron que tú vinieras.
c) Estaba claro que ellas entenderían la pregunta.
d) Sería preciso que vaya.
e) Lamentó que ayer no pudiera vernos.

3 El perfecto y pluscuamperfecto de subjuntivo

1 a) Espero que hayáis trabajado bien.
b) Espero que hayan dicho la verdad.
c) Espero que hayas mentido sin quererlo.
d) Espero que no hayas estado descansado.

2

a) seguido = seguir
b) llamado = llamar
c) venido = venir
d) preocupado = preocupar
e) visto = ver

			V				
			E				
			N				
L	L	A	M	A	D	O	
			I				
P	R	E	O	C	U	P	A D O
S							
G							
U							
I							
D							
O							

Cornelsen El subjuntivo
Autorin: Mareike Gloeckner · Lerntheke Spanisch 3./4. Lernjahr · Grammatik
Illustration: Steffen Jähde (Würfel)

Lösungsseite 1

Lerntheke 4
El indicativo

Diese Lerntheke befasst sich mit der Bildung und dem Gebrauch der Zeiten Plusquamperfekt und Imperfekt des Indikativs, des Futurs und des Konditionals sowie des bejahten Imperativs. Eine Einheit beinhaltet Aufgaben, in denen mehrere Zeiten in einer Übung erarbeitet werden sollen.

Übersicht

1 El pluscuamperfecto	Die Lerner wiederholen in dieser Einheit die Bildung und den Gebrauch des Plusquamperfekts.	★★ | 👤 ★ | 👤 ★★ | 👤
2 El imperfecto de indicativo	Mithilfe von Einsetzübungen, visuellen Übungen als auch zwei Kommunikationsübungen wiederholen die Lerner die Bildung und den Gebrauch des Imperfekts.	★★ | 👤 ★ | 👤 ★★ | 👤 ★★★ | 👥 ★★ | 👥
3 El futuro	Eine Tandemübung sowie zwei Einsetzübungen ermöglichen es dem Lerner, die Bildung und den Gebrauch des Futurs zu wiederholen.	★★ | 👤 ★★ | 👤 ★★ | 👥
4 El condicional	Diese Einheit bietet mit einer praxisorientierten Aufgabe sowie einer spielerischen Partnerübung die Möglichkeit, die Form- und Regelbildung zu üben.	★★ | 👥 ★★ | 👥 ★★ / ★★★ | 👥
5 Tiempos mixtos	Sowohl die Form- und Regelbildung als auch die Verwendung der Signalwörter zu den verschiedenen Zeiten werden mithilfe von Einsetzübungen als auch spielerisch geübt.	★★★ | 👤 ★★ | 👤 ★ | 👤 ★★ | 👤 ★★ | 👥👥
6 El imperativo positivo	Mithilfe des Wortfeldes „Essen/Rezepte" wird der bejahte Imperativ in Umformungsübungen und mithilfe von Verbkärtchen wiederholt.	★ | 👤 ★ | 👤 ★ | 👤 ★★ | 👤 ★★ | 👤 ★ | 👥

1 El pluscuamperfecto de indicativo

★★ | 👤

1 *Completa las frases.* Vervollständige die Sätze.

a) Mario _____ (comer) mucho antes de tirarse a la piscina, por eso

tuvo un corte de digestión.

b) _____ (entrenar, nosotros) duro para ganar la competición.

c) Estaban agotados porque _____ (caminar) mucho.

d) No _____ (dormir, vosotros) lo suficiente para estar en forma.

e) Ya _____ (vestirse, nosotros) todos cuando él se levantó de la siesta.

f) Han publicado unas fotos de la luna como nunca antes la _____

(ver, nosotros).

g) Quise avisarles, pero era demasiado tarde: ya _____

(abrir, ellos) el sobre.

h) Cuando llegamos ya _____ (descubrir, vosotros) la verdad.

i) Ignorábamos lo que le _____ (hacer) cambiar de opinión.

j) No le _____ (decir, ella) la verdad.

★ | 👤

2 *Escribe la forma de participios.* Bilde die Partizipien der folgenden Infinitive.

a) decir _____   e) ver _____

b) abrir _____   f) comer _____

c) poner _____   g) leer _____

d) hablar _____   h) romper _____

★★ | 👤

3 *Relaciona.* Verbinde.

1. Antes de venir a España	a) que habían regalado en mis cumpleaños.
2. Perdí el libro	b) que me había dado la primera clase de español.
3. Me encontré con el profesor	c) pero ya lo habían alquilado.
4. En cuanto vi el anuncio de piso online, llamé a la agencia	d) ya había recibido algunas clases de español.

El indicativo
Autorin: Mareike Gloeckner · Lerntheke Spanisch 3./4. Lernjahr · Grammatik

2 El imperfecto de indicativo

★★ | 👤

1 *Pon los verbos en el pretérito imperfecto.* Setze die Verben ins pretérito imperfecto.

a) De niño (levantarse, ella) _____ siempre muy temprano.

b) Siempre (hablar, ellos) _____ demasiado.

c) Ana nunca (querer) _____ jugar con nosotros.

d) Antes (llegar, tú) _____ siempre tarde a clase.

e) Mis padres (vender) _____ fruta en el mercado.

f) En verano siempre (hacer) _____ buen tiempo, en invierno (nevar) _____ y (hacer) _____ frío.

g) Antes (escribir, nosotros) _____ muchas cartas.

h) Carlos siempre (comer) _____ demasiado.

i) No (conocer, yo) _____ a su amiga.

★ | 👤

2 *Encuentra la forma que no queda.* Finde die Verbform, die nicht in die Reihe passt.

a) Tiempo: tomábamos – teníamos – pusimos – vivíamos

b) Persona: jugaste – juegas – jugabas – he jugado

c) Tiempo: durmió – era – veía – daba

d) Persona: leías – contestaba – formaba – hacía

e) Tiempo: aprendía – entendí – hablé – dije

★★ | 👤

3 *Describe a los personajes famosos usando el pretérito imperfecto.* Beschreibe die folgenden berühmten Personen und verwende das *pretérito imperfecto.*

 llevar un traje azul – ayudar a toda la gente – vivir en Metrópolis	 ser azules y bajos – llevar una gorra blanca
 vivir en un castillo – enamorarse de un príncipe – ser maravillosa	
 llevar pantis – robar dinero a los ricos – dar el dinero a los pobres – vivir en el bosque de Sherwood – llevar un arco y flechas	 llevar un traje rojo y azul – saltar y moverse entre los edificios – ayudar a la gente de Nueva York
 ser un gato – siempre comer – dormir mucho – ser perezoso	

Lerntheke 4

★★★ | 👥

4 *¡A hablar! Es el año 2069. Sois un reportero y una persona famosa que cuenta de su juventud en el año 2019. Las preguntas del ejercicio 5 pueden ayudaros para preparar este juego en el papel.* Es ist das Jahr 2069. Ihr seid ein Reporter und eine berühmte Person, die über ihre Jugend im Jahr 2019 spricht. Die Fragen aus der Übung 5 können euch helfen, das Rollenspiel vorzubereiten.

★★ | 👥

5 *Hoja de tándem. Pon los verbos en el pretérito imperfecto.* Setze die Verben ins pretérito imperfecto.

A: ¿Cómo [vivir] los jóvenes de antes?	A: ¿Cómo **vivían** los jóvenes de antes?
B: Los jóvenes de antes **trabajaban** más que los jóvenes de hoy y **ayudaban** a sus padres.	B: Los jóvenes de antes [trabajar] más que los jóvenes de hoy y [ayudar] a sus padres.
A: ¿Con qué edad [abandonar[1]] la casa de sus padres normalmente?	A: ¿Con qué edad **abandonaban**[1] la casa de sus padres normalmente?
B: Los jóvenes no **se quedaban** tanto tiempo en casa como ahora. Yo, a los 22 años **tenía** ya dos hijos.	B: Los jóvenes no [quedarse] tanto tiempo en casa como ahora. Yo, a los 22 años [tener] ya dos hijos.
A: ¿Usted [estar] casada a los 22 años?	A: ¿Usted **estaba** casada a los 22 años?
B: Sí. Mi marido y yo **habíamos** casados unos años antes del nacimiento[2] de mi hijo, Rafael. No **podíamos** salir con un chico así como lo hacen las chicas hoy en día.	B: Sí. Mi marido y yo [haber] casados unos años antes del nacimineto[2] de mi hijo, Rafael. No [poder] salir con un chico así como lo hacen las chicas hoy en día.
A: ¿Eso significa que las mujeres [tener] que estar en casa hasta que [casarse]?	A: ¿Eso significa que las mujeres **tenían** que estar en casa hasta que **se casaban**?
B: ¡Claro que sí! Yo **ayudaba** a mi madre con las tareas domésticas, **limpiaba** y **cocinaba** todos los días.	B: ¡Claro que sí! Yo [ayudar] a mi madre con las tareas domésticas, [limpiar] y [cocinar] todos los días.
A: Y sus hermanos ¿[hacer] algo en casa?	A: Y sus hermanos ¿**hacían** algo en casa?
B: No, ¡claro que no! Mis dos hermanos no **daban golpe**[3] en casa. No **sabían** ni cocinar ni limpiar.	B: No, ¡claro que no! Mis dos hermanos no [dar] golpe[3] en casa. No [saber] ni cocinar ni limpiar.
A: Antes no [haber] tanta libertad[4] en España. ¿Qué sueños [tener] usted?	A: Antes no **había** tanta libertad[4] en España. ¿Qué sueños **tenía** usted?
B: Hombre, yo no **soñaba** mucho. Mi marido y yo **teníamos** nuestra vida, nuestros hijos ¿Qué más **queríamos (quería)**?	B: Hombre, yo no [soñar] mucho. Mi marido y yo [tener] nuestra vida, nuestros hijos ¿Qué más [querer]?
A: ¡Gracias por la entrevista!	A: ¡De nada!

1 *abandonar* – verlassen   3 *no dar golpe* – nicht einen Handschlag tun

2 *el nacimiento* – die Geburt

Lerntheke 4

3 El futuro

★★ | 👤

1 *¿Cómo será la vida en Alemania? Pedro y Maricel son dos argentinos que deciden dejar el país y buscarse la vida en Alemania. ¿Qué dicen antes de empezar su viaje?* Wie wird wohl das Leben in Deutschland werden? Pedro und Maricel sind zwei Argentiner, die ihr Land verlassen und ein neues Leben in Deutschland suchen. Was sagen sie vor ihrer Reise?

a) _____ (salir/nosotros) de Argentina a buscar una oportunidad en el

extranjero.

b) ¿Qué les _____ (decir/nosotros) a nuestros padres y amigos?

c) No sé, claro que _____ (querer/ellos) saber por qué nos vamos.

d) ¿_____ (tener/nosotros) suficiente dinero para el primer mes?

e) ¿Vosotros estáis seguros de que en dos o tres meses ya _____

(saber/vosotros) alemán?

f) Sí, y me imagino que _____ (haber, nosotros) más oportunidades

de encontrar trabajo.

g) En poco tiempo _____ (poder/nosotros) mandar dinero a nuestras

familias.

h) Claro, ¡y _____ (venir/nosotros) a Buenos Aires el año que viene!

★★ | 👤

2 *El futuro compuesto. ¿Qué habrá pasado?* Futur II. Was wird gewesen sein?

a) Cuando tenga 30 años _____ (terminar/yo) mis estudios.

b) Mi novia también _____ (hacer) su doctorado.

c) Mi novia y yo _____ (trabajar) unos cuantos años y _____

(ahorrar) un poco de dinero.

d) _____ (hacer) un viaje por el mundo.

e) Cuando tengamos 35 años _____ (ver) medio mundo.

f) Entonces juntos _____ (decidir) dónde nos gustaría vivir.

Lerntheke 4

★★ | 👥

Algunos jóvenes hablan sobre sus planes. Completad las frases usando la forma del futuro simple.

3 *Hoja de tándem. Algunos jóvenes hablan sobre sus planes. Pon los verbos en el futuro.*

✂

A: Marcos no _____ (beber) tanto café a partir de hoy.	A: Marcos no **beberá** tanto café a partir de hoy.
B: ¿(Vosotras) **iréis** al cine esta noche?	B: ¿_____ (ir/vosotras) al cine esta noche?
A: Esta tarde yo _____ (hacer) los deberes con mi amigo.	A: Esta tarde yo **haré** los deberes con mi amigo.
B: Pepe y Ana **trabajarán** en un museo a partir de abril.	B: Pepe y Ana _____ (trabajar) en un museo a partir de abril.
A: ¿Cómo _____ (llamarse) tu bebé?	A: ¿Cómo **se llamará** tu bebé?
B: ¿Dónde **pasarán** las vacaciones Juan y Carmen?	B: ¿Dónde _____ (pasar) las vacaciones Juan y Carmen?
A: Mis padres _____ en Berlín el año que viene. (vivir)	A: Mis padres **vivirán** en Berlín el año que viene.
B: ¿Pablo y tú **iréis** a Londres?	B: ¿Pablo y tú _____ (ir) a Londres?
A: ¿Qué _____ (hacer) Pablo y tú allí?	A: ¿Qué **haréis** Pablo y tú allí?
B: ¿**Tendréis** teléfono?	B: ¿_____ (tener/vosotros) teléfono?
A: Sí, el número _____ (ser) el 78 15 98.	A: Sí, el número **será** el 78 15 98.
B: En el centro de la ciudad **habrá** pronto un cine nuevo.	B: En el centro de la ciudad _____ (haber) pronto un cine nuevo.
A: Nuestra ciudad pronto también _____ (tener) muchos parques.	A: Nuestra ciudad pronto también **tendrá** muchos parques.
B: Esta tarde **iremos** al centro comercial.	B: Esta tarde _____ (ir/nosotros) al centro comercial.
A: ¿Tú no _____ (ir) al colegio de verano?	A: ¿Tú no **irás** al colegio de verano?
B: Sí, pero **iré** solo un mes.	B: Sí, pero _____ (ir/yo) solo un mes.
A: Ana y yo **tendremos** que trabajar.	A: Ana y yo _____ (tener) que trabajar.

Lerntheke 4

4   El condicional

★★ | 👤

1 *Dar consejos. Forma frases según el modelo.* Gib Ratschläge und bilde Sätze wie im Beispiel.

Ejemplo:
Me duele la cabeza.
Yo que tú, tomaría una pastilla contra el dolor.

> ¿Qué pongo para la fiesta de Carmen?

> No entiendo las matemáticas.

> ¿Qué le regala a mi madre?

> Quiero ir al concierto, pero mis padres no lo permiten.

> No tengo dinero para las nuevas zapatillas de deporte.

> Me he enamorado del novio/de la novia de mi amiga/-o.

★★ | 👤

2 *Conjuga los verbos.* Konjugiere folgende Verben.

decir	poder	hablar	querer	salir	tener	ser

★★ / ★★★★ | 👤

3 *¡A jugar! Batalla naval. Jugad con verbos regulares o irregulares.* Schiffe versenken. Spielt mit regelmäßigen oder unregelmäßigen Verben.

Cornelsen El indicativo
Autorin: Mareike Gloeckner · Lerntheke Spanisch 3./4. Lernjahr · Grammatik

KV 4
Seite 1 von 3

Lerntheke 4

Name: _____   Datum: _____

tocado → X (getroffen)
hundido → (versenkt)
nada/solo agua → O (nichts/nur Wasser)

Jeder baut 4 Schiffe:
Ein Schiff aus 4 Kästchen
Zwei Schiffe aus 3 Kästchen
Zwei Schiffe aus 2 Kästchen

Findet die gegnerischen Schiffe. Nennt dazu die entsprechende Person des Verbes. Markiert die Antwort des Gegners in der kleinen Tabelle.

Batalla naval

la flota propia (eigene Flotte)

	hablar	comer	vivir	ser	estar
yo					
tú					
él/ella/usted					
nosotros/-as					
vosotros/-as					
ellos/ellas/ustedes					

la flota enemiga (feindliche Flotte)

	hablar	comer	vivir	ser	estar
1ª p.sg.					
2ª p.sg.					
3ª p.sg.					
1ª p.pl.					
2ª p.pl.					
3ª p.pl.					

El indicativo
Autorin: Mareike Gloeckner · Lerntheke Spanisch 3./4. Lernjahr · Grammatik
Illustration: Dorina Tessmann

Name: _____   Datum: _____

tocado → X (getroffen)
hundido → (versenkt)
nada/solo agua → O (nichts/nur Wasser)

Jeder baut 4 Schiffe:
Ein Schiff aus 4 Kästchen
Zwei Schiffe aus 3 Kästchen
Zwei Schiffe aus 2 Kästchen

Findet die gegnerischen Schiffe. Nennt dazu die entsprechende Person des Verbes. Markiert die Antwort des Gegners in der kleinen Tabelle.

Batalla naval

la flota enemiga (feindliche Flotte)

	decir	salir	poder	hacer	tener
1ª p.sg.					
2ª p.sg.					
3ª p.sg.					
1ª p.pl.					
2ª p.pl.					
3ª p.pl.					

la flota propia (eigene Flotte)

	decir	salir	poder	hacer	tener
yo					
tú					
él/ella/usted					
nosotros/-as					
vosotros/-as					
ellos/ellas/ustedes					

Cornelsen
El indicativo
Autorin: Mareike Gloeckner · Lerntheke Spanisch 3./4. Lernjahr · Grammatik
Illustration: Dorina Tessmann
KV 4
Seite 3 von 3
51

5 Tiempos mixtos

★★★ |

1 *Completa con el pretérito indefinido o el pretérito imperfecto.* Vervollständige den Text mit *pretérito indefinido* oder *pretérito imperfecto*.

Cuando yo _____ (ser) niño yo _____ (vivir) en México D. F. _____ (mendigar) en la calle con mi hermano. Muchos niños _____ (trabajar) como nosotros y _____ (vivir) en la calle. Algunos ni _____ (tener) un sitio para dormir. Un día yo _____ (tener) una idea: ¿Por qué no vender globos y así tener nuestro propio negocio? Entonces _____ (ir, nosotros) a hablar con un negociante que _____ (vender) licencias de venta. Le _____ (preguntar) cuánto _____ (valer) una licencia y él nos _____ (decir) "100 pesos". El negociante _____ (ser) un hombre simpático. _____ (tener) muchísimos globos de todos los colores. Ahora nosotros _____ (tener) más motivación para ganar y ahorrar dinero. Todos los días _____ (cantar) en restaurantes, autobuses, plazas ... _____ (ahorrar) y _____ (ahorrar). Yo no _____ (querer) gastar dinero ni en comida. Pero mi hermano _____ (enamorarse) de una chica y una noche _____ (salir) con ella, la _____ (invitar) a un restaurante y _____ (gastar) 20 pesos de nuestro dinero. Yo no lo _____ (poder) comprender y lo _____ (abandonar). Lo _____ (abandonar) porque él _____ (traicionar) nuestro sueño. Ya no _____ (tener) más confianza en él.

vocabulario: *negociante* – Händler, *licencia de venta* – Verkaufslizenz, *traicionar* – verraten

★★ |

2 *Pon las formas correctas de los verbos.* Setze die richtigen Formen des Verbes ein.

	indefinido	imperfecto
hablar	yo	nosotras
poder	Eva	ellos
ser	tú	tú
decir	Ana	vosotros
resumir	ellas	yo

★★ |

3 *Ordena los marcadores temporales.* Sortiere die Signalwörter.

> siempre ♦ ayer ♦ todos los (días, sábados) ♦ cuando era joven ♦ el año pasado ♦ de repente ♦ cada vez que ♦ mientras ♦ en 2018 ♦ poco a poco ♦ la semana pasada

Lerntheke 4

El indicativo
Autorin: Mareike Gloeckner · Lern:heke Spanisch 3./4. Lernjahr · Grammatik

imperfecto	indefinido

★★ | 👤

4 *Completa el texto con el pretérito imperfecto o pretérito indefinido.* Vervollständige den Text mit *pretérito indefinido* oder *pretérito imperfecto*.

Pinocho

Érase una vez un hombre viejo que _____ (vivir) solo en Florencia.

_____ (llamarse) Geppetto y _____ (trabajar) la

madera muy bien. El viejo no _____ (querer) más estar más solo.

Un día _____ (tener) la idea de fabricar un muñeco de madera.

Enseguida _____ (comenzar) a trabajar y en pocos días

_____ (construir) un muñeco muy bonito al que le _____

(poner) el nombre "Pinocho". Una noche, mientras Geppetto _____

(dormir), _____ (entrar) un hada que le _____ (dar)

vida a Pinocho porque _____ (querer) hacerle un regalo al viejo.

Y desde ese momento, Pinocho _____ (ser) un niño como el resto,

muy alegre y feliz con su papá. Aunque también _____ (haber)

problemas con Pinocho todos los días.

vocabulario: *érase* – es war einmal, *la madera* – Holz,
un muñeco – Puppe, *un hada* – eine Fee, *un regalo* – Geschenk

★★ | 👥👥

5 *¡A jugar!*
   a) Klebt den Würfel zusammen.
   b) Jeder Mitspieler bekommt einen Spielstein.
   c) Um vorwärts zu kommen, müsst ihr zu-
      nächst würfeln. Dann bildet ihr einen Satz
      mit dem Signalwort auf dem Würfel und
      dem Verb auf dem Feld, auf dem ihr steht.
      Wenn ihr alles richtig gemacht habt,
      dürft ihr ein Feld vorrücken.

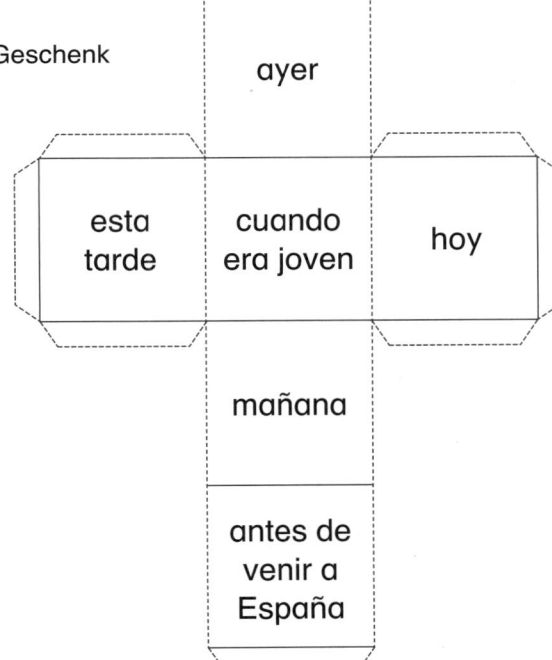

Lerntheke 4

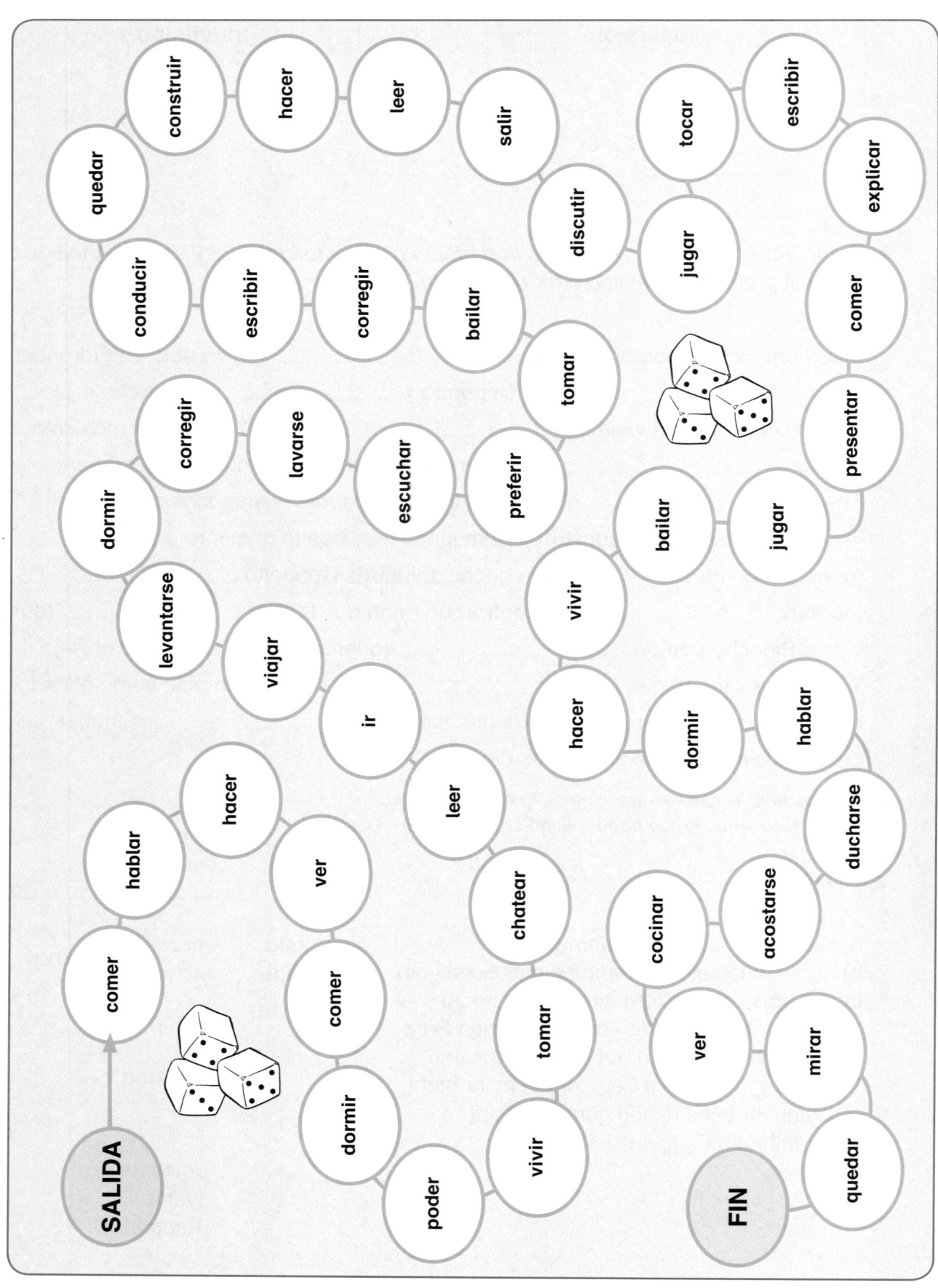

Lerntheke 4

Cornelsen

El indicativo

Autorin: Mareike Gloeckner · Lerntheke Spanisch 3./4. Lernjahr · Grammatik
Illustration: Steffen Jähde (Würfel)

KV 5
Seite 3 von 3

6 El imperativo positivo

1 a *Pilar explica a Bárbara cómo preparar una macedonia. Usa el imperativo de la 2ª persona singular.* Pilar erklärt Barbara das Rezept für einen Obstsalat. Verwende den Imperativ der 2. Person Singular.

1. *pelar la fruta*
2. *cortar la fruta*
3. *poner toda la fruta en un recipiente*
4. *añadir un vaso de zumo*
5. *mezclar bien*

b *Ahora le explica lo mismo a Luis y a Raúl. Usa la 2ª persona plural.* Nun erklärt sie es Luis und Raúl. Verwende die 2. Person Plural.

2 *Pon las siguientes instrucciones en la 2ª persona singular del imperativo.* Setze die folgenden Anweisungen in den Imperativ der 2. Person Singular.

1. terminar la fiesta a las 3 de la mañana
2. abrir las ventanas
3. quitar las mesas y limpiar la sala
4. separar el papel y las botellas de la basura normal
5. leer las instrucciones para el transporte de la cadena de música
6. poner la cadena de música en el armario
7. devolver las botellas al supermercado
8. hacer cuentas

3 a *Rellena los huecos con el verbo correcto y usa las formas correctas del imperativo de la 2ª persona singular.* Fülle die Lücken mit den korrekten Verben im Imperativ der 2. Person Singular.

Las patatas

1. _____ las patatas.

2. _____ el horno.

3. _____ las patatas con aceite de oliva.

4. _____ las patatas del horno después de 20 minutos.

> freír ◆ encender ◆
> cortar ◆ remover

b *Rellena los huecos con el verbo correcto y usa las formas correctas del imperativo de la 2ª persona plural.* Fülle die Lücken mit den korrekten Verben im Imperativ der 2. Person Plural.

La salsa de mojo

1. _____ la piel del ajo.

2. _____ el ajo.

3. _____ el ajo con aceite de oliva y

   _____ (batir) la masa.

4. _____ un poco de agua caliente y polvo de pimiento.

> añadir ◆ remover ◆
> cortar ◆ mezclar

4 *¡A practicar! Preguntad las formas del imperativo el uno al otro.* Fragt euch gegenseitig die Formen des Imperativs ab.

batir	**¡bate!** **¡batid!**
tomar	**¡toma!** **¡tomad!**
comprar	**¡compra!** **¡comprad!**
añadir	**¡añade!** **¡añadid!**
remover	**¡remueve!** **¡removed!**
encender	**¡enciende!** **¡encended!**

Lerntheke 4

cortar	**¡corta!** **¡cortad!**
rallar	**¡ralla!** **¡rallad!**
beber	**¡bebe!** **¡bebed!**
comer	**¡come!** **¡comed!**
probar	**¡prueba!** **¡probad!**
dar	**¡da!** **¡dad!**

Cornelsen El indicativo
Autorin: Mareike Gloeckner · Lerntheke Spanisch 3./4. Lernjahr · Grammatik

1 El pluscuamperfecto

1 a) Mario había comido mucho antes de tirarse a la piscina, por eso tuvo un corte de digestión.
b) Habíamos entrenado duro para ganar la competición.
c) Estaban agotados porque habían caminado mucho.
d) No habíais dormido lo suficiente para estar en forma.
e) Ya nos habíamos vestido todos cuando él se levantó de la siesta.
f) Han publicado unas fotos de la luna como nunca antes la habíamos visto.
g) Quise avisarles, pero era demasiado tarde: ya habían abierto el sobre.
h) Cuando llegamos ya habíais descubierto la verdad.
i) Ignorábamos lo que le había hecho cambiar de opinión.
j) No le había dicho la verdad.

2 a) decir   dicho   d) hablar   hablado   g) leer   leído
b) abrir   abierto   e) ver   visto   h) romper   roto
c) poner   puesto   f) comer   comido

3 1e, 2a, 3b, 4d, 5c

2 El imperfecto

1 a) se levantaba   d) llegabas   g) escribíamos
b) hablaban   e) vendían   h) comía
c) quería   f) hacía, nevaba, hacía   i) conocía

2 a) tomábamos – teníamos – **pusimos** – vivíamos
b) jugaste – juegas – jugabas – **he jugado**
c) **durmió** – era – veía – daba
d) **leías** – contestaba – formaba – hacía
e) **aprendía** – entendí – hablé – dije

3 **Superman**: llevaba un traje azul – ayudaba a toda la gente – vivía en Metrópolis
Los Pitufos: eran azules y bajos – llevaban una gorra blanca
La Princesa: vivía en un castillo – se enamoraba de un príncipe – era maravillosa
Robin Hood: llevaba pantis – robaba dinero a los ricos – daba el dinero a los pobres – vivía en el bosque de Sherwood – llevaba un arco y flechas
El hombre araña: llevaba un traje rojo y azul – saltaba y se movía entre los edificios – ayudaba a la gente de Nueva York
Garfield: era un gato – siempre comía – dormía mucho – era perezoso

3 El futuro

1 a) saldremos   d) tendremos   g) podremos
b) diremos   e) sabréis   h) vendremos
c) querrán   f) habremos

2 a) habré terminado
b) habrá hecho
c) habremos trabajado, habremos ahorrado, habremos hecho
d) habremos visto
e) habremos decidido

4 El condicional

1 Respuestas posibles
1. Yo que tú, pondría el vestido negro.
2. Yo que tú, me buscaría tutoriales que expliquen temas diferentes de matemáticas.
3. Yo que tú, le regalaría un libro.
4. Yo que tú, iría con una amiga que tenga permiso para ir y pediría a sus padres que hablen con mis padres.
5. Yo que tú, buscaría un trabajo y ahorraría el dinero.
6. Yo que tú, hablaría con tu amiga.

2 **decir**: diría, dirías, diría, diríamos, diríais, dirían
poder: podría, podrías, podría, podríamos, podríais, podrían
querer: querría, querrías, querría, querríamos, querríais, querrían
salir: saldría, saldrías, saldría, saldríamos, saldríais, saldrían
tener: tendría, tendrías, tendría, tendríamos, tendríais, tendrían
ser: sería, serías, sería, seríamos, seríais, serían

5 Tiempos mixtos

1 Cuando yo **era** niño yo **vivía** en México D.F. **Mendigaba** en la calle con mi hermano. Muchos niños **trabajaban** como nosotros y **vivían** en la calle. Algunos ni **tenían** un sitio para dormir. Un día yo **tuve** una idea: ¿Por qué no vender globos y así tener nuestro propio negocio? Entonces **fuimos** a hablar con un negociante que **vendía** licencias de venta. Le **preguntamos** cuánto **valía** una licencia y él nos **dijo** 100 pesos. El negociante **era** un hombre simpático. **Tenía** muchísimos globos de todos los colores. Ahora nosotros **teníamos** más motivación para ganar y ahorrar dinero. Todos los días **cantábamos** en restaurantes, autobuses, plazas... **Ahorrábamos** y **ahorrábamos**. Yo no **quería** gastar dinero ni en comida. Pero mi hermano **se enamoró** de una chica y una noche **salió** con ella, la **invitó** a un restaurante y **gastó** 20 pesos de nuestro dinero. Yo no lo **podía** comprender y lo **abandoné**. Lo **abandoné** porque él **había traicionado** nuestro sueño. Ya no **tenía** más confianza en él.

2

	indefinido	imperfecto
hablar	yo hablé	nosotras hablábamos
poder	Eva pudo	ellos podían
ser	tú fuiste	tú eras
decir	Ana dijo	vosotros decíais
resumir	ellas resumieron	yo resumía

3

imperfecto	indefinido
siempre	ayer
todos los ... (días, sábados)	el año pasado
cuando era joven	la semana pasada
cada vez que	en ... 2018
mientras	de repente
poco a poco	

4 Érase una vez un hombre viejo que **vivía** solo en Florencia. Se **llamaba** Geppetto y **trabajaba** la madera muy bien. El viejecito no **quería** estar más solo. Un día tuvo la idea de fabricar un muñeco de madera. Enseguida **comenzó** a trabajar y en pocos días **construyó** un muñeco muy bonito al que le **puso** el nombre "Pinocho". Una noche, mientras Geppetto **dormía, entró** un hada que le **dio** vida a Pinocho porque **quería** hacerle un regalo al viejo. Y desde ese momento, Pinocho **fue** un niño como el resto, muy alegre y feliz con su papá. Aunque también **había** problemas con Pinocho todos los días.

vocabulario: érase – es war einmal, **la madera** – Holz, **un muñeco** – Puppe, **un hada** – eine Fee, **un regalo** – Geschenk

6 El imperativo positivo

1 a a) ¡Pela la fruta!
b) ¡Corta la fruta!
c) ¡Pon toda la fruta en un recipiente!
d) ¡Añade un vaso de zumo!
e) ¡Mezcla bien!

b a) ¡Pelad la fruta!
b) ¡Cortad la fruta!
c) ¡Poned toda la fruta en un recipiente!
d) ¡Añadid un vaso de zumo!
e) ¡Mezclad bien!

2 a) Termina la fiesta a las 3 de la mañana.
b) ¡Abre las ventanas!
c) ¡Quita las mesas y limpia la sala!
d) ¡Separa el papel y las botellas de la basura normal!
e) ¡Lee las instrucciones para el transporte de la cadena de música!
f) ¡Pon la cadena de música en el armario!
g) ¡Devuelve las botellas al supermercado!
h) ¡Haz cuentas!

3 a 1. ¡Corta las patatas!
2. ¡Enciende el horno!
3. ¡Fríe las patatas con aceite de oliva!
4. ¡Remueve las patatas del horno después de 20 minutos!

b 1. ¡Removed la piel del ajo!
2. ¡Cortad el ajo!
3. ¡Mezclad el ajo con aceite de oliva y batid la masa!
4. ¡Añadid un poco de agua caliente y polvo de pimiento!

Lerntheke 5
Profundización

Diese Lerntheke befasst sich mit der Verwendung des Gerundiums und mit Periphrasen, mit direkten und indirekten Objektpronomen, mit der Verneinung und den Adverbien der Verneinung scwie der Wortbildung.

Übersicht

1 Gerundio y perífrasis	In dieser Einheit wiederholen die Lerner die Verwendung einiger Verben anhand einer Zuordnungs- und Einsetzübung sowie eines Sprachtandems.	★ | 👤 ★★ | 👤 ★★ | 👥👥
2 Complemento directo e indirecto	In dieser Einheit können die Lerner die Anwendung der direkten und indirekten Objektpronomen durch Umformung/Bildung von Sätzen üben.	★★ | 👤 ★★★ | 👤
3 La negación	Diese Einheit vertieft die Verneinung, indem Sätze unter Anwendung der Adverbien der Verneinung umgeformt werden sollen.	★★ | 👤 ★ | 👤 ★★ | 👤
4 Formación de palabras	Die Lerner wiederholen in dieser Einheit in Zuordnungsaufgaben und einer spielerischen Gruppenübung die Wortbildung mit Prä- und Suffixen .	★★ | 👤 ★ | 👤 ★★ | 👥👥

1 Perífrasis

★ | 👤

1 *Relaciona.* Verbinde.

estar + *gerundio*	aufhören etwas zu tun
seguir + *gerundio*	schon eine bestimmte Zeit etwas tun
ir + *gerundio*	etwas gerade getan haben
llevar + *Zeitangabe* + *gerundio*	weiterhin etwas tun
ir + a + *infinitivo*	noch einmal etwas tun
volver + a + *infinitivo*	etwas tun werden
acabar + de + *infinitivo*	nach und nach, allmählich etwas tun
dejar + de + *infinitivo*	gerade etwas tun
soler + *infintivo*	normalerweise etwas tun

★★ | 👤

2 *Completa las frases con* estar, dejar, acabar, volver *o* ir.

a) ¿Queréis venir? _____ (nosotros) tomando una copa en el Bar Antiguo, muy cerca de vuestra casa. – Sí, por supuesto, _____ allí en diez minutos.

b) Lo siento, pero el tren para Madrid _____ de salir.

c) ¿Puedo hablar con Ana? Lo siento, Ana _____ hablando con su padre. ¿Puede _____ a llamar más tarde?

d) Creo que Juan quiere _____ de trabajar. Ya no le gusta su trabajo.

e) ¿Cuándo _____ (tú) a visitarme? Ya hace tiempo que no nos vemos.

f) Después de su accidente mi hermano tiene que _____ de jugar al fútbol. Si no, posiblemente _____ a hacerse daño.

★★ | 👥

3 *Hoja de tándem.*

A	B
A: Estoy comiendo.	**A:** Ich bin gerade beim Essen.
B: Ich rufe nochmals an.	**B: Vuelvo a llamar.**
A: Por lo general como solo pescado.	**A:** Ich esse normalerweise nur Fisch.
A: Ich habe gerade gefrühstückt.	**A: Acabo de desayunar.**
B: Sigo estudiando español.	**B:** Ich lerne immer noch Spanisch
A: Ich lerne schon ein Jahr Spanisch.	**A: Llevo un año estudiando español.**
B: Acabo de llegar.	**B:** Ich bin gerade angekommen.
A: Ich komme gleich an.	**A: Voy a llegar pronto.**

Lerntheke 5

Cornelsen Profundización
Autorin: Mareike Gloeckner · Lerntheke Spanisch 3./4. Lernjahr · Grammatik

KV 1
Seite 1 von 1

2 El complemento directo e indirecto

★★ | 👤

1 *Responde a las preguntas reemplazando los objetos subrayados.* Beantworte die Fragen und ersetze die unterstrichenen Objekte.

Ejemplo:
¿Les habéis dado *el dinero a Luis y a Pedro*?
Sí, se los hemos dado.

a) ¿Han encontrado Tomás y Ana sus carnés?

No, _____

b) ¿Le ha dicho Ana a Pepe que va a salir esta noche?

Sí, _____

c) ¿Os han explicado Mirta y Jorge los ejercicios?

No, _____

d) ¿Dónde has comprado esas zapatillas?

_____ en el centro.

e) ¿Puedes darme tu número de teléfono?

No, no _____

★★★ | 👤

2 *Emplea el imperativo y reemplaza la palabra subrayada con un complemento directo o indirecto.* Verwende den Imperativ und ersetze das fett gedruckte Wort mit einem direkten oder indirekten Objektpronomen.

a) traer (tú) – **a mí** – los libros

_____

b) comprar (vosotros) – **a los chicos** – el DVD

_____

c) hacer (tú) – **la cena** – para nosotros

_____

Lerntheke 5

3   La negación

★★ | 👤

1 *Reacciona a las frases en 1ª persona singular con* también *o* tampoco. Reagiere auf folgende Sätze in der 1. Person Singular mit *también* oder *tampoco*.

a) Yo escribo muchos mensajes con el móvil.
b) A Ana le gustan mucho los plátanos.
c) Miguel no es muy buen estudiante.
d) Francisco va mucho a la biblioteca.
e) Melanie y yo no vamos al cine esta noche.
f) Al profesor no le gusta el tema del libro.
g) Antonio y Pepe salen este fin de semana de viaje.

★ | 👤

2 *Reacciona a las frases de manera positiva y negativa con* también/tampoco *o* sí/no. Reagiere positiv und negativ auf die Sätze mit *también/tampoco* oder *sì/no*.

a) Yo tengo unos pantalones negros.   + _____
                                       – _____

b) Miguel quiere una bicicleta nueva. + _____
                                       – _____

c) No me gustan los melocotones.   + _____
                                       – _____

d) Elena no viene al cine.   + _____
                                       – _____

e) No vamos de viaje.   + _____
                                       – _____

★★ | 👤

3 *Niega las frases con no … nunca, no … (a) nadie, no … nada, no … tampoco, no … ningún, no … ni … ni.* Verneine die Sätze.

a) Mi tía siempre saluda a alguien en la calle. _____
_____

b) Hay muchas cosas muy bonitas. _____

c) Conozco muchos buenas profesores. _____

d) Yo lo sé. _____

e) Eso es completo. _____

Lerntheke 5

Cornelsen Profundización
Autorin: Mareike Gloeckner · Lerntheke Spanisch 3./4. Lernjahr · Grammatik

KV 3
Seite 1 von 1

4   La formación de palabras

★★ | 👤

1 a *Ordena las sílabas y escríbelas en las columnas a la izquierda.* Sortiere die Silben und schreibe sie in die linke Spalte.

| ón ✦ anti ✦ con ✦ contra ✦ ear ✦ ecer ✦ imiento ✦ era ✦ des ✦ dor(a) ✦ entre ✦ in ✦ pos/post ✦ |
| pre ✦ re ✦ ería ✦ ista ✦ sobre ✦ ente ✦ sub ✦ super ✦ tras/trans ✦ eda ✦ eable ✦ ible ✦ oso ✦ |
| con ✦ dad ✦ ismo ✦ otear |

prefijos		sufijos para adjetivos		sufijos para sustantivos		sufijos para verbos	
a-	amoral						

b *Relaciona los ejemplos en la columna a la derecha.* Ordne die Beispiele in die rechte Spalte.

| amoral ✦ lavable ✦ arboleda ✦ bailotear ✦ antifeminista ✦ conciudadano ✦ |
| contradecir ✦ desconocer ✦ pobreza ✦ enriquecer ✦ entreabrir ✦ remitente ✦ infiel ✦ |
| llorón ✦ posguerra ✦ preescolar ✦ creíble ✦ reelegir ✦ sobrevalorar ✦ subterráneo ✦ |
| estudioso ✦ pianista ✦ lavadora ✦ papelera ✦ crueldad ✦ supermercado ✦ trasplantar ✦ |
| contestación ✦ pescadería ✦ nacimiento ✦ socialismo |

★ | 👤

2 *Forma palabras nuevas relacionando la columna A con la columna B.*

| auto ✦ campo ✦ media ✦ sacar ✦ mal ✦ abre ✦ árbol ✦ avión ✦ boca | pista ✦ de noche ✦ corcho ✦ latas ✦ papel ✦ calle ✦ de Navidad ✦ santo ✦ decir |

Lerntheke 5

Cornelsen Profundización
Autorin: Mareike Gloeckner · Lerntheke Spanisch 3./4. Lernjahr · Grammatik

★★ | 👥

3 *Dominó.*

  1. Jeder Mitspieler erhält 5 Steine. Die anderen Steine werden mit der Schrift nach unten auf einen Stapel in die Mitte gelegt. Der jüngste Mitspieler zieht einen Stein, der den Anfang bildet.

di	anti	in	pre	semi	re	sub
moral	vivir	parente	nombre	biografía	valorar	lingüe
a	sobre	trans	pro	auto	sobre	bi
histórico	ciencia	terráneo	coloro	surdo	alfabeta	perfecto
pre	con	sub	in	ab	an	im
feminista	escolar	soportable	conocer	terrestre	abrir	ayer
anti	pre	in	des	extra	entre	ante
fundir	social	visible	juicio	final	volución	rayar

Lerntheke 5

Cornelsen **Profundización**

Autorin: Mareike Gloeckner · Lerntheke Spanisch 3./4. Lernjahr · Grammatik

KV 4
Seite 2 von 3

Name: Datum:

2. Ziel ist es, die eigenen Steine so anzulegen, dass daraus sinnvolle Wörter entstehen. Kann man einen Stein nicht anlegen, zieht man einen Stein von dem Stapel und der nächste Spieler ist dran.

pro	re	con	per	tra	inter	extra
ismo	ción	ismo	metro	ado	ista	able
ego	ambi	real	termó	sal	pian	lav
gresar	mesa	cámara	plicable	acordar	nacional	jugar
re	pro	ante	ex	pre	inter	des
ismo	oso	mento	ción	teca	cito	ista
social	estudi	parla	solu	biblio	joven	violin
producir	conocer	curso	miso	ducir	valo	ordinario

Cornelsen Profundización
Autorin: Mareike Gloeckner · Lerntheke Spanisch 3./4. Lernjahr · Grammatik

1 Perífrasis

1

estar + gerundio	gerade etwas tun
seguir + gerundio	weiterhin etwas tun
ir + gerundio	nach und nach, allmählich etwas tun
llevar + Zeitangabe + gerundio	schon eine bestimmte Zeit etwas tun
ir + a + infinitivo	etwas tun werden
volver + a + infinitivo	noch einmal etwas tun
acabar + de + infinitivo	etwas gerade getan haben
dejar + a + infinitivo	aufhören etwas zu tun
soler + infinitivo	normalerweise etwas tun

2 a) ¿Queréis venir? Estamos tomando una copa en el Bar Antiguo, muy cerca de vuestra casa. – Sí, por supuesto, estaremos allí en diez minutos.
b) Lo siento, pero el tren para Madrid acabó de salir.
c) ¿Puedo hablar con Ana? Lo siento, Ana está hablando con su padre. ¿Puede volver a llamar más tarde?
d) Creo que Juan quiere dejar de trabajar. Ya no le gusta su trabajo.
e) ¿Cuándo vas a visitarme? Ya hace tiempo que no nos vemos.
f) Me he enamorado; acabo de conocer a un chico maravilloso en un concierto.
g) Después de su accidente mi hermano tiene que dejar de jugar al fútbol. Si no, posiblemente vuelva a hacerse daño.
h) ¿No has leído Harry Potter ya? Sí, pero vuelvo a leerlo porque me gusta mucho.

2 El complemento directo e indirecto

1 a) No, no se los han encontrado.
b) Sí, Ana se lo ha dicho.
c) No, no nos los han explicado.
d) Las he comprado en el centro.
e) No, no puede dártelo.

2 a) Tráeme los libros.
b) Compradles el DVD.
c) Hazla para nosotros.

Cornelsen Profundización Autorin: Mareike Gloeckner · Lerntheke Spanisch 3./4. Lernjahr · Grammatik Lösungsseite 1

66

3 La negación

1 a) Yo también escribo muchos mensajes con el móvil.
b) A mí también me gustan mucho los plátanos.
c) Yo tampoco soy muy buen estudiante.
d) Yo también voy mucho a la biblioteca.
e) Yo tampoco voy al cine.
f) A mí tampoco me gusta el tema del libro.
g) Yo también salgo este fin de semana.

2 a) Sí, también tengo unos pantalones negros./Yo no tengo unos pantalones negros.
b) Yo también quiero una bicicleta nueva./Yo no quiero una bicicleta nueva.
c) A mí sí me gustan los melocotones./Tampoco me gustan los melocotones.
d) Yo sí vengo al cine./Tampoco vengo al cine.
e) Tampoco voy de viaje./Yo sí voy de viaje.

3 a) Mi tía nunca saluda a nadie en la calle.
b) No hay nada más bonito.
c) No conozco a ningún buen profesor.
d) Tampoco lo sé.
e) Eso no es ni fu ni fa.

4 La formación de palabras

1

prefijos		sufijos para adjetivos		Sufijos para sustantivos		Sufijos para verbos	
a-	amoral	-ón	llorón	-ción	contestación	-ear	hojear
anti-	antifeminista	-able	lavable	-dor(a)	lavadora	-ecer	enriquecer
con-	conciudadano	-ible	creible	-dad	crueldad	-otear	bailotear
contra-	contradecir	-oso	estudioso	-eda	arboleda		
des-	desconocer			-ente	remitente		
entre-	entreabrir			-era	papelera		
in-	infiel			-eria	pescaderia		
pos/post-	posguerra			-eza	pobreza		
pre-	preescolar			-imiento	nacimiento		
re-	reelegir			-ismo	socialismo		
sobre-	sobrevalorar			-ista	pianista		
sub-	subterráneo						
super-	supermercado						
tras/trans-	trasplantar						

2 autopista, maldecir, árbol de Navidad, abrelatas, media noche, boca calle, camposanto, avión de corcho

Cornelsen Profundización Autorin: Mareike Gloeckner · Lerntheke Spanisch 3./4. Lernjahr · Grammatik Lösungsseite 2

Lerntheke 6
Verbos especiales

Diese Lerntheke befasst sich mit unregelmäßigen bzw. besonderen Verben, wie Verben mit bestimmten Endungen oder mit Vokaländerung und Verben, auf die eine Präposition folgt.

Übersicht

1 Verbos terminados en -ecer, ocer y -ucir	Die Lerner wiederholen die Bildung der Verben mit besonderen Endungen in verschiedenen Übungen.	★ | 👤 ★★ | 👤 ★★ | 👤
2 Verbos de cambio vocálico	In dieser Einheit wiederholen die Lerner die Konjugation der Verben mit Vokalwechsel.	★ | 👤 ★ / ★★ | 👥
3 Verbos con preposición	Diese Einheit ermöglicht die Übung von Verben, die eine bestimmte Präposition mit sich ziehen.	★★ | 👤 ★ | 👤

1 Verbos terminados en -ecer, -ocer y -ucir

★ | 👤

1 *Completa la tabla.* Vervollständige die Tabelle.

Indicativo	conocer	ofrecer	producir
Presente	conozco _____ conoce conocemos _____ conocen	_____ ofreces _____ ofrecemos ofrecéis _____	produzco _____ produces producimos _____ producen
Indefinido	conocí conociste _____ conocimos conocisteis _____	_____ ofreciste ofreció ofrecimos _____ ofrecieron	produje _____ produjo _____ produjisteis produjeron
Presente de subjuntivo	conozca _____ conozca conozcamos _____ conozcan	_____ ofrezcas ofrezca ofrezcamos _____ ofrezcan	produzca _____ produzca _____ produzcáis produzcan

★★ | 👤

2 *Completa las frases con las formas correctas de los verbos.* Vervollständige die Sätze mit der korrekten Verbform.

a) Me gusta _____ a mucha velocidad. (conducir)

b) "¿_____ a este chico tan interesante?" (conocer, tu)

c) Ella _____ más joven de lo que es. (parecer)

d) Ellos _____ de muchos idiomas. (traducir)

3 *Completa las frases con las formas correctas de los verbos.* Vervollständige die Sätze mit der korrekten Verbform.

a) Yo _____ en 1982. (nacer)

b) No quiero que tú _____ tan rápidamente. (conducir)

c) Ellos se _____ en una fiesta el sábado pasado. (conocer)

d) Mis padres piden que yo _____ los gastos. (reducir)

Verbos especiales
Autorin: Mareike Gloeckner · Lerntheke Spanisch 3./4. Lernjahr · Grammatik

2   Verbos de cambio vocálico

1 *Conjuga en presente de indicativo.* Konjugiere im Präsens Indikativ.

	contar	pensar	pedir
yo			
tú			
él/ella/usted			
nosotros/-as			
vosotros/-as			
ellos, ellas, ustedes			

2 *Encontrad vuestro camino.*

    a) Findet euren Weg von links nach rechts (Spieler A) oder von oben nach unten (Spieler B).

    b) Um ein Kreuz in einem Kästchen machen zu dürfen, müsst ihr einen Satz mithilfe der vorgegebenen Verben bilden wie im Beispiel:

★

Ejemplo: Normalmente yo pienso antes de hablar, <u>pero hoy</u> yo cuento historias sin parar.

★★

Ejemplo: Normalmente yo pienso antes de hablar, <u>pero ayer</u> yo conté historias sin parar.

Lerntheke 6

3   Verbos con preposición

★★ | ☺

1 *Pon las preposiciones.* Setze die fehlenden Präpositionen ein.

a) ► ¿Cómo está Pedro?

► No está bien. Todavía no se ha acostumbrado _____ su nueva vida.

b) ► ¿Has escuchado la gran noticia?

► No, ¿qué?

► Anna y Marc se han decidido _____ mudarse a España.

c) ► Me pone nervioso el examen.

► Pero has estudiado mucho.

► Si, pero anoche soñé _____ que lo suspendía. ¡Qué horror!

d) ► ¡Qué tonto soy!

► ¿Qué pasa?

► Me olvidé _____ llamar a la secretaria de mi escuela para informarle de que estoy enferma.

e) Desde que dejé _____ comer chocolate he perdido unos kilos.

f) Mi hermana está enamorada _____ un compañero de su clase. Solo habla _____ él.

★ | ☺

2 *Relaciona los verbos con las preposiciones que requieren.* Sortiere die Verben entsprechend der Präpositionen, die sie benötigen.

> dudar ◆ acertar ◆ divertirse ◆ acostumbrar ◆ divertirse ◆ gustar ◆ acabar ◆ casarse ◆
> insistir ◆ dejar ◆ consistir ◆ sonar ◆ aprender ◆ autorizar ◆ conducir ◆ contribuir ◆
> empezar ◆ alegrarse ◆ enseñar ◆ invitar ◆ entretenerse ◆ interesarse ◆ llegar ◆
> animar ◆ atreverse ◆ olvidarse ◆ mandar ◆ mover ◆ pensar ◆ pasar ◆ prepararse ◆
> resistirse ◆ volver ◆ cansarse ◆ tratar ◆ enseñar

a	de	en	con

Cornelsen   Verbos especiales
Autorin: Mareike Gloeckner · Lerntheke Spanisch 3./4. Lernjahr · Grammatik

2 Verbos de cambio vocálico

1

indicativo	contar	pensar	pedir
yo	cuento	pienso	pido
tú	cuentas	piensas	pides
él/ella/usted	cuenta	piensa	pide
nosotros/-as	contamos	pensamos	pedimos
vosotros/-as	contáis	pensáis	pedís
ellos, ellas, ustedes	cuentan	piensan	piden

2 cierro/ olvido, juego/juego, encuentro/me pierdo, entiendo/veo, me levanto/me quedo, miento/digo, elijo/elijo, voy/cojo, comienzo/veo, me gustan/veo, repito/voy, recuerdo/olvido, sueno/tengo, encuentro/busco, resuelvo/encuentro, vuelvo/estoy, apruebo/suspendo, duermo/me despierto, sonrío/estoy, prefiero/juego

cierro/olvidé, juego/jugué, encuentro/me perdí, entiendo/vi, me levanto/me quedé, miento/ dije, elijo/elegí, voy/cogí, comienzo/vi, me gusta/vi, repito/fui, recuerdo/olvidé, sueño/tuve, encuentro/busqué, resuelvo/encontré, vuelvo/estuve, apruebo/suspendí, duermo/me desperté, sonrío/estuve, prefiero/jugué

3 Verbos con preposición

1 a) ▶ ¿Cómo está Pedro?
▶ No está bien. Todavía no se ha acostumbrado **a** su nueva vida.
b) ▶ ¿Has escuchado las grandes noticias?
▶ No, ¿qué?
▶ Anna y Marc se han decidido **a** mudarse a España.
c) ▶ Me pone nervioso el examen.
▶ Pero has estudiado mucho.
▶ Sí, pero anoche soñé **con** que lo suspendía. ¡Qué horror!
d) ▶ ¡Qué tonto soy!
▶ ¿Qué pasa?
▶ Me olvidé **de** llamar a la secretaria de mi escuela para informarle de que estoy enferma.
e) Desde que dejé **de** comer chocolate he perdido unos kilos.
f) Mi hermana está enamorada de un compañero de su clase. Solo habla **de** él.

2 **a:** acertar, acostumbrar, aprender, autorizar, conducir, contribuir, empezar, enseñar, invitar, llegar, animar, atreverse, mandar, mover, pasar, prepararse, resistirse, volver
de: acabar, alegrarse, cansarse, dejar, gustar, olvidarse, tratar
en: consistir, divertirse, dudar, insistir, interesarse, pensar
con: contar, divertirse, casarse, entretenerse, soñar

---

1 Verbos terminados en -ecer, -ocer y -ucir

1

indicativo	conocer	ofrecer	producir
Presente	conozco	ofrezco	produzco
	conoces	ofreces	produces
	conoce	ofrece	produce
	conocemos	ofrecemos	producimos
	conocéis	ofrecéis	producís
	conocen	ofrecen	producen
Indefinido	conocí	ofrecí	produje
	conociste	ofreciste	produjiste
	conoció	ofreció	produjo
	conocimos	ofrecimos	produjimos
	conocisteis	ofrecisteis	produjisteis
	conocieron	ofrecieron	produjeron
Imperativo			
tú	conoce	ofrece	produce
él/ella	conozca	ofrezca	produzca
nosotros	conozcamos	ofrezcamos	produzcamos
vosotros	conoced	ofreced	producid
ellos/ellas	conozcan	ofrezcan	produzcan
Presente de subjuntivo	conozca	ofrezca	produzca
	conozcas	ofrezcas	produzcas
	conozca	ofrezca	produzca
	conozcamos	ofrezcamos	produzcamos
	conozcáis	ofrezcáis	produzcáis
	conozcan	ofrezcan	produzcan

2 a) Me gusta conducir a mucha velocidad. (conducir)
b) "¿Conoces a este chico tan interesante?" (conocer)
c) Ella parece más joven de lo que es. (parecer)
d) Ellos traducen de muchos idiomas. (traducir)

3 a) Yo nací en 1982. (nacer)
b) No quiero que tú conduzcas tan rápidamente. (conducir)
c) Ellos se conocieron en una fiesta el sábado pasado. (conocer)
d) Mis padres piden que yo reduzca los gastos. (reducir)

Notizen